LE CRONACHE DEL PESCE BIANCO: ESPLORANDO LE DELIZIE DEL PESCE BIANCO

Dal mare alla tavola: 100 deliziose ricette per il versatile pesce bianco

Giulia Saba

Diritto d'autore Materiale ©2023

Qualunque cosa Diritti Riservato

NO parte di questo libro Maggio pregare usato O trasmesso In Qualunque modulo O città Qualunque significa senza IL corretto scritto consenso del _ editori spirito diritto d'autore proprietario, tranne per breve citazioni usato In UN revisione. Questo libro Dovrebbe Nota pregare considerato UN sostituire per medico, legale, O altro pr di essionale consiglio.

SOMMARIO

SOMMARIO 3
INTRODUZIONE 7
COLAZIONE 9
1. Walleye Hash Browns 10
2. Hugo's Breakfast Fishcakes 12
3. Frittata di pesce bianco e spinaci 15
4. Tacos per la colazione a base di pesce bianco 17
5. Scramble di pesce bianco ed erbe 19
6. Ciotola per la colazione con pesce bianco e quinoa 21
7. Bagel di pesce bianco affumicato e crema di formaggio. 23
8. Pesce bianco e hash di patate 25
9. Burrito per la colazione a base di pesce bianco 27
10. Toast di pesce bianco e avocado 29
11. Frittata Di Pesce Bianco E Asparagi 31
ANTIPASTI 34
12. Bastoncini di pesce al forno con fiocchi di mais 35
13. Crocchette Di Pesce Bianco 38
14. Involtini di lattuga di pesce bianco 40
15. Bocconcini di pesce bianco e avocado 42
16. Bruschette Di Pesce Bianco 44
17. Frittelle Di Pesce Bianco E Zucchine 46
18. Rotoli di sushi di pesce bianco 48
19. Tartare Di Pesce Bianco 50
20. Spiedini Di Pesce Bianco 52
21. Salsa Di Pesce Bianco 54
ceviche 56
22. Habanero ceviche 57
23. Ceviche Blanco Chingon 59
24. Ceviche Chingon 61
25. Ceviche di mango messicano e pesce bianco 64
26. Tacos di ceviche 66
27. Wasabi scatta insalata ceviche 69

28. Ceviche di branzino..71
29. Ceviche con avocado, pomodorini e cipollotti................73
30. Ceviche de Corvina stile Panama..75
31. Ceviche di halibut con pompelmo e peperoncini...........78
32. Halibut-Mango Ceviche...80
33. Mahi mahi ceviche...82
34. Ceviche di rana pescatrice con avocado..........................84
35. Ceviche di rana pescatrice con cocco e lime..................87
36. Ceviche di pesce..90
37. Pesce al forno alle erbe di limone.......................................92
38. Ceviche di merluzzo, ahi e pomodoro cimelio................95
39. Ceviche di merluzzo al lime..98
40. Ceviche di merluzzo con microgreens al limone..........100
PORTATA PRINCIPALE...102
41. Ravioli di ispirazione portoghese.......................................103
42. Polpettone di merluzzo e patate...107
43. Tacos di pesce bisquick...109
44. Chips di pesce fritto con fiocchi di mais..........................112
45. Lasagne veloci di pesce...115
46. Baccalà al vapore Matcha...118
47. Tacos di pesce alla griglia con salsa verde....................120
48. Branzino al forno, alla brasiliana..123
49. Branzino alla griglia con salsa..125
50. Branzino con Ceci e Menta..128
51. Gruppi con salsa tandoori..131
52. Spigola alla griglia in Cornhusks..134
53. Spigola striata con germogli di tifa....................................136
54. Branzino striato con salsa di gamberi...............................138
55. Baccalà brasiliano...141
56. Black Cod con sorbetto all'arancia....................................144
57. Baccalà alla Puttanesca..146
58. Stufato del pescatore brasiliano..149
59. Pesce bianco tuffato di granchio.......................................151
60. Filetti di sogliola alla griglia..154
61. Pesce spada con salsa brasiliana......................................156

62. Pesce gatto avvolto in cavolo cappuccio..................158
63. Sunfish Digione..................160
64. Trota Farfalla Alla Griglia..................162
65. Trota Steelhead in salsa di vino rosso..................166
66. Trota affumicata con salsa di senape..................169
67. Pesce persico alla griglia con arancia rossa..................172
68. Walleye alla griglia con uva..................174
69. Rana pescatrice in una marinata di arachidi..................176
70. Tasche di rana pescatrice-cachi..................178
71. Pesce bianco alla griglia Hoisin..................180
72. Halibut grigliato nel latte di cocco..................182
73. Sorbetto al limone - Mahi-Mahi glassato..................185
74. Ripieno di tilapia e caffè..................187
75. Pompano alla griglia al curry..................190
76. Yellowtail affumicato sopra il finocchio..................193
77. Ombrina affumicata..................195
78. Goujons di Sogliola al Limone..................197
79. Uova alla benedict con eglefino..................200
80. Filetto di halibut arrosto in crosta..................203
INSALATA..................206
81. Insalata da colazione a base di pesce bianco ed erbe aromatiche..................207
82. Insalata di pesce bianco con salsa al limone e aneto....209
83. Insalata di pesce bianco e mango..................211
84. Insalata nizzarda di pesce bianco..................213
85. Insalata di pesce bianco e avocado..................215
86. Insalata di pesce bianco e quinoa..................217
87. Insalata di pesce bianco e anguria..................219
88. Insalata di pesce bianco e agrumi..................221
ZUPPE..................223
89. Brodo di pesce..................224
90. Zuppa di San Pietro..................226
91. Shad affumicato con Gazpacho..................229
92. Classica Zuppa di Pesce con Rouille..................232
93. Zuppa di merluzzo all'arancia..................235

DOLCE 238
94. Gallette di merluzzo alla brasiliana 239
95. Polpettine giapponesi allo zenzero 242
96. Halibut con composta di mirtilli 245
97. Torta di mirtilli rossi di Cape Cod 247
98. Focaccine ai mirtilli rossi di Cape Cod 249
99. Torta di velluto di mirtilli rossi di Cape Cod 252
100. Codice Cobbler 255
CONCLUSIONE 258

INTRODUZIONE

Benvenuti nel mondo del pesce bianco! In questo libro di cucina, ti invitiamo a intraprendere un'avventura culinaria che celebra la natura delicata e versatile del pesce bianco. Il pesce bianco, noto per il suo sapore delicato e la consistenza tenera, è un ingrediente amato nelle cucine di tutto il mondo. Questo libro di cucina è la tua guida per esplorare le diverse e deliziose possibilità del pesce bianco nella tua cucina.

Il pesce bianco, come merluzzo, eglefino, halibut e sogliola, offre una tela bianca per la creatività culinaria. I loro sapori delicati e le loro consistenze delicate li rendono incredibilmente versatili, permettendo loro di brillare in una varietà di piatti. In questo libro di cucina celebriamo la bellezza del pesce bianco, presentandovi una raccolta di ricette che mettono in risalto i suoi sapori naturali ed evidenziano la sua adattabilità in varie cucine e tecniche di cottura.

In queste pagine scoprirai uno scrigno di deliziose ricette che hanno come ingrediente principale il pesce bianco. Dal classico fish and chips e confortanti stufati di pesce alle eleganti paste ai frutti di mare e saporiti tacos di pesce, abbiamo curato una collezione che abbraccia un'ampia gamma di sapori e tradizioni culinarie. Ogni ricetta è studiata per esaltare al meglio il pesce bianco, offrendoti pasti deliziosi e soddisfacenti, semplici da preparare.

Ma questo libro di cucina è più di una semplice raccolta di ricette. Ti guideremo attraverso i diversi tipi di pesce bianco, offriremo suggerimenti sulla selezione dei filetti più freschi e condivideremo le tecniche per cucinare alla perfezione il pesce bianco. Che tu sia un amante del pesce stagionato o un principiante nell'incorporare il pesce bianco nei tuoi pasti, il nostro obiettivo è darti la possibilità di creare piatti che mettano in risalto i sapori delicati e le trame di questo straordinario ingrediente.

Quindi, sia che tu stia organizzando una festa di pesce, cercando ispirazione per una sana cena durante la settimana o semplicemente cercando di espandere il tuo repertorio culinario, lascia che "The White Fish Chronicles" sia la tua guida. Preparati ad assaporare le delizie del pesce bianco e intraprendi un viaggio saporito che delizierà le tue papille gustative e stupirà i tuoi ospiti.

COLAZIONE

1. Walleye Hash Browns

INGREDIENTI:
- Filetto di glaucomi da 1 libbra
- 2 patate Yukon medie, sbucciate e tagliate a julienne
- ½ tazza di cipolle rosse tritate finemente
- ¼ di tazza di panna
- 2 cucchiai di farina per tutti gli usi
- 2 cucchiai di senape di Digione
- 2 cucchiai di parmigiano grattugiato
- 1 cucchiaino di olio di canola
- 4 cucchiai di burro non salato

ISTRUZIONI:
a) Preriscaldare una griglia.
b) Grigliare il filetto da 4 a 5 minuti su ciascun lato, fino a renderlo sodo e opaco. Lasciar raffreddare, quindi sfilettare il filetto e metterlo da parte.
c) Mescolare delicatamente il filetto a scaglie, le patate, la cipolla, la panna, la farina, la senape e il parmigiano in una ciotola capiente.
d) Su un tagliere, modella la massa in un grosso tortino, facendo attenzione a non romperlo. Dovrebbe assomigliare a un pancake di grandi dimensioni.
e) Scaldare l'olio e 2 cucchiai di burro in una padella capiente a fuoco medio-alto. Usando due spatole, posiziona con cura il tortino nella padella. Soffriggere a fuoco medio fino a doratura, circa 10 minuti.
f) Girare delicatamente il tortino e cospargere con il burro rimanente. Soffriggere 10 minuti in più o fino a quando le patate non saranno completamente dorate.
g) Tagliare in quattro spicchi e servire ben caldo.

2. Hugo's Breakfast Fishcakes

INGREDIENTI:

- 400 g di patate farinose del raccolto principale, cotte
- 300g (11oz) filetto di merluzzo
- 225 ml (8 fl oz) di latte intero
- 1 striscia sbucciata di scorza di limone
- 1 foglia di alloro
- 40 g di burro
- 2 cucchiaini di olio d'oliva
- 1 cipolla piccola, tritata finemente
- una manciata di prezzemolo
- 1 cucchiaino di succo di limone fresco
- 25 g (1 oz) di farina normale
- 1 uovo grande, sbattuto
- 100 g di pangrattato bianco fresco

ISTRUZIONI:

a) Mettere in una padella il pesce, il latte, la scorza di limone, l'alloro e un po' di pepe nero.

b) Coprire, portare a ebollizione e cuocere a fuoco lento per 4 minuti o fino a quando il pesce è appena cotto.

c) Sciogli 15 g ($\frac{1}{2}$ oz) di burro in una padella di medie dimensioni, aggiungi 1 cucchiaino di olio d'oliva e la cipolla e cuoci delicatamente per 6-7 minuti, fino a renderli morbidi e traslucidi ma non dorati.

d) Aggiungere le purè di patate e lasciarle scaldare; quindi aggiungere il pesce, il prezzemolo, il succo di limone e 2 cucchiai di latte per il bracconaggio e mescolare bene.

e) Mettete l'uovo in un piatto fondo e il pangrattato in un altro.

f) Usando le mani leggermente bagnate, formare con il composto nella farina otto polpette di pesce spesse circa 1 cm. Passatele nell'uovo sbattuto e poi nel pangrattato, adagiatele su una teglia e mettetele in frigo per 1 ora (o meglio ancora tutta la notte).

g) Scaldare il burro rimanente e l'ultimo cucchiaino di olio in una padella antiaderente fino a quando il burro non si sarà sciolto, unire le frittelle di pesce e poi friggerle dolcemente per circa 5 minuti per lato fino a doratura.

3. Frittata di pesce bianco e spinaci

INGREDIENTI:
- 2 filetti di pesce bianco
- 2 tazze di spinaci freschi
- 4 uova
- 1/4 di tazza di latte
- Sale e pepe a piacere
- 2 cucchiai di olio d'oliva

ISTRUZIONI:
a) Condire i filetti di pesce bianco con sale e pepe.
b) In una padella antiaderente, scaldare l'olio d'oliva a fuoco medio. Cuocere i filetti di pesce finché non sono ben cotti, circa 3-4 minuti per lato. Togliere dalla padella e mettere da parte.
c) Nella stessa padella, aggiungi gli spinaci freschi e cuoci fino ad appassire.
d) In una ciotola sbattete le uova con il latte, il sale e il pepe.
e) Versare il composto di uova nella padella sopra gli spinaci appassiti. Cuocere fino a quando le uova sono solidificate.
f) Disporre i filetti di pesce bianco cotto su metà della frittata. Piega l'altra metà sul pesce.
g) Servire la frittata calda con un contorno di pane tostato o insalata.

4. Tacos per la colazione a base di pesce bianco

INGREDIENTI:
- 2 filetti di pesce bianco
- 4 piccole tortillas
- 1 avocado, affettato
- 1/4 di tazza di pomodori tritati
- 1/4 di tazza di cipolle tritate
- Foglie di coriandolo fresco
- Spicchi di lime
- Sale e pepe a piacere

ISTRUZIONI:
a) Condire i filetti di pesce bianco con sale e pepe.
b) Scaldare una padella antiaderente a fuoco medio. Cuocere i filetti di pesce finché non sono ben cotti, circa 3-4 minuti per lato. Toglieteli dalla padella e lasciateli raffreddare leggermente.
c) Sminuzzare il pesce cotto in piccoli pezzi.
d) Riscalda le tortillas in una padella asciutta o nel microonde.
e) Assembla i tacos posizionando il pesce a scaglie su ogni tortilla. Completare con avocado a fette, pomodori a pezzetti, cipolle e foglie di coriandolo fresco.
f) Spremere il succo di lime sui tacos e cospargere di sale e pepe.
g) Servi subito i tacos per la colazione.

5. Scramble di pesce bianco ed erbe

INGREDIENTI:
- 2 filetti di pesce bianco
- 4 uova
- 1/4 di tazza di latte
- 1 cucchiaio di aneto fresco tritato
- 1 cucchiaio di erba cipollina fresca tritata
- Sale e pepe a piacere
- 2 cucchiai di burro

ISTRUZIONI:
a) Condire i filetti di pesce bianco con sale e pepe.
b) In una padella antiaderente, sciogliere il burro a fuoco medio. Cuocere i filetti di pesce finché non sono ben cotti, circa 3-4 minuti per lato. Togliere dalla padella e mettere da parte.
c) In una ciotola sbattete le uova con il latte, il sale e il pepe. Mescolare l'aneto tritato e l'erba cipollina.
d) Nella stessa padella, versare il composto di uova e cuocere, mescolando delicatamente, fino a quando le uova sono strapazzate e cotte alla consistenza desiderata.
e) Tagliare a pezzetti il pesce cotto e aggiungerlo alla padella con le uova strapazzate. Mescolare per unire.
f) Servire il pesce bianco e le erbe strapazzate calde, guarnendo con altre erbe fresche se lo si desidera.

6. Ciotola per la colazione con pesce bianco e quinoa

INGREDIENTI:
- 2 filetti di pesce bianco
- 1 tazza di quinoa cotta
- 1/2 tazza di pomodorini, dimezzati
- 1/4 di tazza di cetriolo tritato
- 2 cucchiai di prezzemolo fresco tritato
- 1 cucchiaio di succo di limone
- Sale e pepe a piacere
- 1 cucchiaio di olio d'oliva

ISTRUZIONI:
a) Condire i filetti di pesce bianco con sale e pepe.
b) Scaldare l'olio d'oliva in una padella antiaderente a fuoco medio. Cuocere i filetti di pesce finché non sono ben cotti, circa 3-4 minuti per lato. Toglieteli dalla padella e lasciateli raffreddare leggermente.
c) Sminuzzare il pesce cotto in piccoli pezzi.
d) In una ciotola unire la quinoa cotta, i pomodorini, il cetriolo tritato, il prezzemolo tritato, il succo di limone, il sale e il pepe.
e) Aggiungere il pesce a scaglie alla miscela di quinoa e mescolare delicatamente per unire.
f) Dividi il composto di pesce bianco e quinoa nelle ciotole da portata.
g) Servire le ciotole per la colazione calde oa temperatura ambiente.

7. Bagel di pesce bianco affumicato e crema di formaggio

INGREDIENTI:
- 2 filetti di pesce bianco, affumicati
- 2 bagel, affettati e tostati
- 4 cucchiai di crema di formaggio
- 2 cucchiai di capperi
- 2 cucchiai di cipolle rosse affettate
- Rametti di aneto fresco

ISTRUZIONI:
a) Tagliare a pezzetti i filetti di pesce bianco affumicato.
b) Spalmare la crema di formaggio su ogni metà di bagel tostato.
c) Completare la crema di formaggio con il pesce bianco affumicato a scaglie.
d) Cospargere i capperi e le cipolle rosse affettate sul pesce.
e) Guarnire con rametti di aneto fresco.
f) Servi subito i bagel di pesce bianco affumicato e crema di formaggio.

8.Pesce bianco e hash di patate

INGREDIENTI:
- 2 filetti di pesce bianco
- 2 tazze di patate a dadini
- 1/2 tazza di cipolle a dadini
- 1/2 tazza di peperoni a dadini
- 2 cucchiai di olio d'oliva
- Sale e pepe a piacere
- 1/2 cucchiaino di paprika
- 1/4 cucchiaino di aglio in polvere
- Prezzemolo fresco per guarnire

ISTRUZIONI:
a) Condire i filetti di pesce bianco con sale, pepe, paprika e aglio in polvere.
b) In una padella capiente, scaldare l'olio d'oliva a fuoco medio. Aggiungere le patate a cubetti e cuocere fino a doratura e croccanti, mescolando di tanto in tanto.
c) Aggiungi le cipolle a dadini e i peperoni nella padella. Cuocere finché non si saranno ammorbiditi.
d) Spingi il composto di patate su un lato della padella e aggiungi i filetti di pesce conditi sull'altro lato. Cuocere il pesce fino a quando non è cotto, circa 3-4 minuti per lato.
e) Rompere il pesce cotto in piccoli pezzi e mescolarlo con l'hash di patate.
f) Guarnire con prezzemolo fresco.
g) Servire il pesce bianco e l'hash di patate ben caldo.

9. Burrito per la colazione a base di pesce bianco

INGREDIENTI:
- 2 filetti di pesce bianco
- 4 tortillas di farina grandi
- 4 uova
- 1/4 di tazza di latte
- 1/2 tazza di formaggio cheddar grattugiato
- 1/4 di tazza di salsa
- Sale e pepe a piacere
- 2 cucchiai di olio d'oliva

ISTRUZIONI:
a) Condire i filetti di pesce bianco con sale e pepe.
b) Scaldare l'olio d'oliva in una padella antiaderente a fuoco medio. Cuocere i filetti di pesce finché non sono ben cotti, circa 3-4 minuti per lato. Togliere dalla padella e mettere da parte.
c) In una ciotola sbattete le uova con il latte, il sale e il pepe.
d) Nella stessa padella, versare il composto di uova e cuocere, mescolando delicatamente, fino a quando le uova sono strapazzate e cotte alla consistenza desiderata.
e) Tagliare a pezzetti il pesce cotto e aggiungerlo alla padella con le uova strapazzate. Mescolare per unire.
f) Riscalda le tortillas di farina in una padella asciutta o nel microonde.
g) Dividi il composto di pesce e uova su ogni tortilla. Completare con formaggio cheddar grattugiato e salsa.
h) Arrotolare le tortillas per formare dei burritos.
i) Servire i burritos per la colazione a base di pesce bianco caldi.

10.Toast di pesce bianco e avocado

INGREDIENTI:
- 2 filetti di pesce bianco
- 4 fette di pane integrale tostato
- 1 avocado, schiacciato
- Succo di 1/2 limone
- Sale e pepe a piacere
- Fiocchi di peperoncino (facoltativo)
- Foglie di coriandolo fresco per guarnire

ISTRUZIONI:
a) Condire i filetti di pesce bianco con sale e pepe.
b) Scaldare una padella antiaderente a fuoco medio. Cuocere i filetti di pesce finché non sono ben cotti, circa 3-4 minuti per lato. Toglieteli dalla padella e lasciateli raffreddare leggermente.
c) Sminuzzare il pesce cotto in piccoli pezzi.
d) In una ciotola, unisci l'avocado schiacciato, il succo di limone, il sale, il pepe e i fiocchi di peperoncino (se lo usi).
e) Distribuire uniformemente il composto di avocado su ogni fetta di pane tostato.
f) Completare il toast di avocado con il pesce bianco a scaglie.
g) Guarnire con foglie di coriandolo fresco.
h) Servi subito il pesce bianco e il toast di avocado.

11.Frittata Di Pesce Bianco E Asparagi

INGREDIENTI:
- 2 filetti di pesce bianco
- 8 lance di asparagi, rifilate e tagliate a pezzi da 1 pollice
- 6 uova
- 1/4 di tazza di latte
- 1/4 di parmigiano grattugiato
- Sale e pepe a piacere
- 1 cucchiaio di olio d'oliva

ISTRUZIONI:
a) Condire i filetti di pesce bianco con sale e pepe.
b) Scaldare l'olio d'oliva in una padella resistente al forno a fuoco medio. Cuocere i filetti di pesce finché non sono ben cotti, circa 3-4 minuti per lato. Togliere dalla padella e mettere da parte.
c) Nella stessa padella, aggiungi i pezzi di asparagi e cuoci fino a quando non sono teneri e croccanti.
d) In una ciotola sbattete le uova con il latte, il parmigiano grattugiato, il sale e il pepe.
e) Versare il composto di uova sopra gli asparagi nella padella. Cuocere per 2-3 minuti fino a quando i bordi non si saranno solidificati.
f) Sminuzzare il pesce cotto in piccoli pezzi e distribuirli uniformemente sul composto di uova.
g) Trasferisci la padella in un forno preriscaldato e cuoci per 3-4 minuti fino a quando la frittata non si sarà rappresa e dorata sopra.
h) Sfornate e lasciate raffreddare leggermente prima di affettare.

i) Servite la frittata di pesce bianco e asparagi tiepida oa temperatura ambiente.

ANTIPASTI

12. Bastoncini di pesce al forno con fiocchi di mais

INGREDIENTI:
- Filetti di pesce bianco da 1 libbra (come merluzzo o eglefino), tagliati a listarelle
- 2 tazze di cornflakes, schiacciati
- ½ tazza di farina per tutti gli usi
- 1 cucchiaino di paprika
- ½ cucchiaino di aglio in polvere
- ½ cucchiaino di cipolla in polvere
- Sale e pepe a piacere
- 2 uova sbattute
- Spray da cucina o olio vegetale

PER LA SALSA DIPING:
- ½ tazza di maionese
- 2 cucchiai di ketchup
- 1 cucchiaio di salsa di sottaceti dolci
- ½ cucchiaino di succo di limone
- Sale e pepe a piacere

ISTRUZIONI:
a) Preriscalda il forno a 220°C e rivesti una teglia con carta da forno o ungila leggermente.

b) In un piatto poco profondo, unisci i cornflakes tritati, la farina, la paprika, l'aglio in polvere, la cipolla in polvere, il sale e il pepe.

c) Immergi ogni striscia di pesce nelle uova sbattute, lasciando sgocciolare l'eccesso, quindi premi il pesce nella miscela di cornflake, ricoprendolo bene su tutti i lati.

d) Posizionare le strisce di pesce ricoperte sulla teglia preparata, distanziandole l'una dall'altra.

e) Spruzza leggermente le strisce di pesce con uno spray da cucina o ungile con un po' di olio vegetale per renderle croccanti nel forno.

f) Cuocere nel forno preriscaldato per 12-15 minuti, o fino a quando il pesce è cotto e il rivestimento è dorato e croccante.

g) Mentre i bastoncini di pesce cuociono, prepara la salsa di immersione unendo la maionese, il ketchup, il condimento dolce di sottaceti, il succo di limone, il sale e il pepe in una piccola ciotola. Mescolare bene.

h) Una volta cotti i bastoncini di pesce, toglieteli dal forno e lasciateli raffreddare per qualche minuto.

i) Servire i bastoncini di pesce al forno con cornflake con la salsa di immersione sul lato.

13. Crocchette Di Pesce Bianco

INGREDIENTI:
- 2 filetti di pesce bianco, cotti e a scaglie
- 1 tazza di purè di patate
- 1/4 di tazza di cipolla tritata finemente
- 1/4 di tazza di peperone tritato finemente
- 2 spicchi d'aglio, tritati
- 1/4 di tazza di prezzemolo fresco tritato
- 1/4 cucchiaino di paprika
- Sale e pepe a piacere
- 1/2 tazza di pangrattato
- 2 uova sbattute
- Olio vegetale per friggere

ISTRUZIONI:
a) In una ciotola unire il pesce bianco a scaglie, il purè di patate, la cipolla tritata, il peperone tritato, l'aglio tritato, il prezzemolo tritato, la paprika, il sale e il pepe. Mescolare bene.
b) Formate con il composto delle piccole crocchette.
c) Passare ogni crocchetta nelle uova sbattute, quindi passarla nel pangrattato per ricoprirla.
d) Scaldare l'olio vegetale in una padella a fuoco medio. Friggere le crocchette fino a doratura su tutti i lati, circa 2-3 minuti per lato.
e) Togliere dalla padella e scolare su un tovagliolo di carta.
f) Servite le crocchette di pesce bianco ben calde come antipasto.

14. Involtini di lattuga di pesce bianco

INGREDIENTI:
- 2 filetti di pesce bianco, cotti e a scaglie
- 8 foglie di lattuga grandi (come lattuga al burro o iceberg)
- 1/2 tazza di carote tritate
- 1/2 tazza di cetriolo affettato
- 1/4 di tazza di arachidi tritate
- 1/4 di tazza di coriandolo fresco tritato
- 2 cucchiai di salsa di soia
- 1 cucchiaio di olio di sesamo
- 1 cucchiaio di succo di lime
- 1 cucchiaio di miele
- Sale e pepe a piacere

ISTRUZIONI:
a) In una ciotola unire il pesce bianco a scaglie, le carote tritate, il cetriolo a fette, le arachidi tritate e il coriandolo tritato.
b) In una ciotola separata, sbatti insieme la salsa di soia, l'olio di sesamo, il succo di lime, il miele, il sale e il pepe.
c) Versare il condimento sul composto di pesce e mescolare per ricoprire.
d) Versare il composto di pesce sulle foglie di lattuga.
e) Arrotolare le foglie di lattuga per formare degli involtini.
f) Servi gli involtini di lattuga di pesce bianco come antipasto rinfrescante.

15. Bocconcini di pesce bianco e avocado

INGREDIENTI:
- 2 filetti di pesce bianco, cotti e a scaglie
- 1 avocado maturo, schiacciato
- 1 cucchiaio di succo di lime
- 1/4 cucchiaino di peperoncino in polvere
- Sale e pepe a piacere
- Mini coppette fillo o fette di cetriolo

ISTRUZIONI:
a) In una ciotola, unisci il pesce bianco a scaglie, l'avocado schiacciato, il succo di lime, il peperoncino in polvere, il sale e il pepe. Mescolare bene.
b) Versare il composto di pesce e avocado in mini coppette fillo o su fette di cetriolo.
c) Servire il pesce bianco e i bocconcini di avocado freddi.

16.Bruschette Di Pesce Bianco

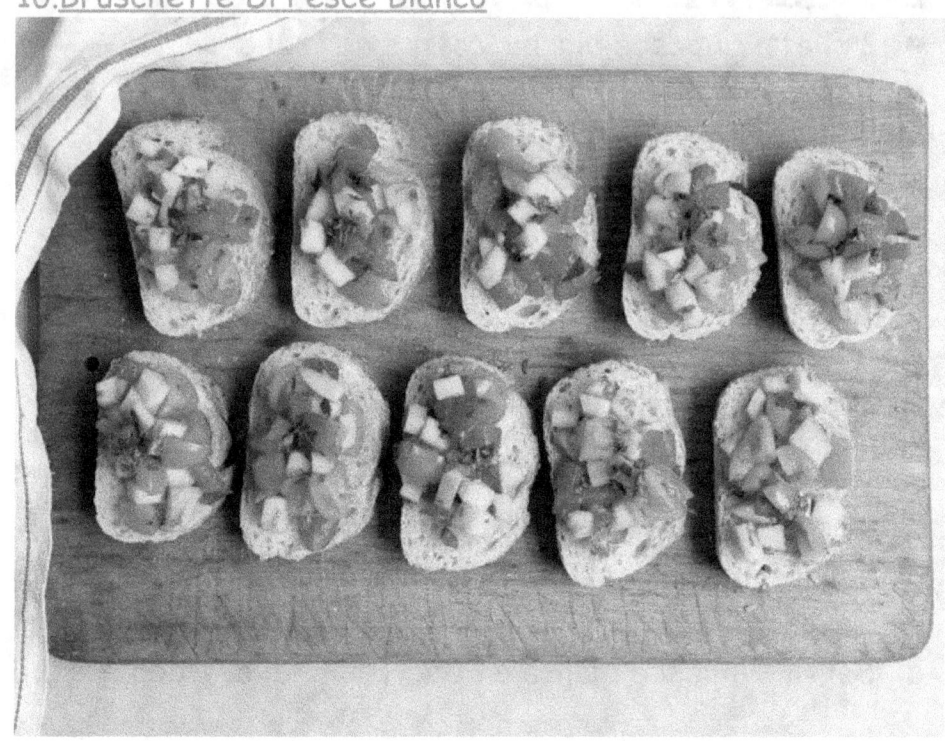

INGREDIENTI:
- 2 filetti di pesce bianco, cotti e a scaglie
- 1 tazza di pomodori a dadini
- 1/4 di tazza di basilico fresco tritato
- 2 spicchi d'aglio, tritati
- 1 cucchiaio di aceto balsamico
- 1 cucchiaio di olio d'oliva
- Sale e pepe a piacere
- Fette di baguette, tostate

ISTRUZIONI:
a) In una ciotola, unire il pesce bianco a scaglie, i pomodori a dadini, il basilico tritato, l'aglio tritato, l'aceto balsamico, l'olio d'oliva, il sale e il pepe. Mescolare bene.
b) Versare il composto di pesce e pomodoro sulle fette di baguette tostate.
c) Servire le bruschette di pesce bianco come antipasto.

17. Frittelle Di Pesce Bianco E Zucchine

INGREDIENTI:

- 2 filetti di pesce bianco, cotti e a scaglie
- 1 zucchina, grattugiata e l'umidità in eccesso spremuta
- 1/4 di tazza di cipolla tritata finemente
- 2 spicchi d'aglio, tritati
- 1/4 di tazza di aneto fresco tritato
- 1/4 di parmigiano grattugiato
- 2 uova sbattute
- Sale e pepe a piacere
- Olio vegetale per friggere

ISTRUZIONI:

a) In una ciotola unire il pesce bianco a scaglie, le zucchine grattugiate, la cipolla tritata, l'aglio tritato, l'aneto tritato, il parmigiano grattugiato, le uova sbattute, il sale e il pepe. Mescolare bene.

b) Scaldare l'olio vegetale in una padella a fuoco medio. Metti cucchiaiate di composto di pesce e zucchine nella padella, appiattendole leggermente con il dorso di un cucchiaio.

c) Friggere le frittelle fino a doratura su entrambi i lati, circa 2-3 minuti per lato.

d) Togliere dalla padella e scolare su un tovagliolo di carta.

e) Servite le frittelle di pesce bianco e zucchine calde come antipasto sfizioso.

18.Rotoli di sushi di pesce bianco

INGREDIENTI:
- 2 filetti di pesce bianco, cotti e tagliati a listarelle sottili
- Riso per sushi
- Fogli di alghe Nori
- Avocado a fette
- Cetriolo affettato
- Salsa di soia, per intingere
- Wasabi e zenzero sottaceto, per servire

ISTRUZIONI:
a) Metti un foglio di alga nori su un tappetino per sushi di bambù.
b) Stendere uno strato sottile di riso sushi sopra il nori, lasciando circa un pollice in alto.
c) Disporre le fette di pesce bianco, avocado e cetriolo in una linea al centro del riso.
d) Arrotola strettamente il sushi usando il tappetino di bambù, applicando una leggera pressione mentre procedi.
e) Taglia il rotolo di sushi a pezzetti.
f) Ripeti con gli altri ingredienti.
g) Servi gli involtini di sushi di pesce bianco con salsa di soia, wasabi e zenzero sottaceto.

19. Tartare Di Pesce Bianco

INGREDIENTI:
- 2 filetti di pesce bianco, tritati finemente
- 1/4 tazza di cipolla rossa tritata finemente
- 1/4 di tazza di cetriolo tritato finemente
- 1 cucchiaio di capperi, scolati e tritati
- 1 cucchiaio di aneto fresco tritato
- 1 cucchiaio di succo di limone
- 1 cucchiaio di olio d'oliva
- Sale e pepe a piacere
- Crostini o crackers, per servire

ISTRUZIONI:
a) In una ciotola, unire il pesce bianco tritato finemente, la cipolla rossa tritata, il cetriolo tritato, i capperi, l'aneto tritato, il succo di limone, l'olio d'oliva, il sale e il pepe. Mescolare bene.

b) Lasciate marinare la tartare di pesce bianco in frigorifero per circa 30 minuti per permettere ai sapori di fondersi tra loro.

c) Servire la tartare di pesce bianco fredda con crostini o crackers.

20. Spiedini Di Pesce Bianco

INGREDIENTI:
- 2 filetti di pesce bianco, tagliati a cubetti
- Pomodorini
- spicchi di limone
- Olio d'oliva
- Sale e pepe a piacere
- Spiedini

ISTRUZIONI:
a) Preriscaldare una griglia o una bistecchiera a fuoco medio-alto.
b) Infilare i cubetti di pesce bianco, i pomodorini e gli spicchi di limone sugli spiedini, alternando gli ingredienti.
c) Condire gli spiedini con olio d'oliva e condire con sale e pepe.
d) Grigliare gli spiedini per circa 2-3 minuti per lato fino a quando il pesce è cotto e leggermente carbonizzato.
e) Togliere dalla griglia e servire gli spiedini di pesce bianco ben caldi come antipasto.

21. Salsa Di Pesce Bianco

INGREDIENTI:
- 2 filetti di pesce bianco, cotti e a scaglie
- 1/2 tazza di maionese
- 1/4 di tazza di panna acida
- 1 cucchiaio di succo di limone
- 1/2 cucchiaino di condimento Old Bay
- 1/4 cucchiaino di aglio in polvere
- Sale e pepe a piacere
- Cracker assortiti o fette di pane, per servire

ISTRUZIONI:
a) In una ciotola, unire il pesce bianco a scaglie, la maionese, la panna acida, il succo di limone, il condimento Old Bay, l'aglio in polvere, il sale e il pepe. Mescolare bene.
b) Regola il condimento a piacere.
c) Servire la salsa di pesce bianco fredda con cracker assortiti o fette di pane.

ceviche

22. Habanero ceviche

INGREDIENTI:
- 6 Habanero; tritato finemente
- 1 libbra di pesce bianco fermo; a cubetti
- 1 cipolla; tritato grossolanamente
- 1 tazza e mezzo di succo di lime
- ½ tazza di olio

ISTRUZIONI:

a) Unire tutti gli ingredienti e conservare in frigorifero per almeno sei ore fino a quando il pesce perde la sua traslucidità e diventa opaco.

23. Ceviche Blanco Chingon

INGREDIENTI:
- 1 jalapeno
- 1 mazzetto di coriandolo
- 1 Habanero
- 3 calce
- $\frac{1}{2}$ mango
- $\frac{1}{2}$ cipolla rossa
- 1 pizzico Sale
- 1 pizzico Pepe
- 1 pizzico di sale di sedano
- 1 goccio di latte di cocco
- 1 filo di olio d'oliva
- 3 grandi filetti di pesce tagliati a cubetti

ISTRUZIONI:
a) Tritare tutto super bene
b) Mescolare

24. Ceviche Chingon

INGREDIENTI:

- 450 g di filetti di pesce bianco fresco (come tilapia o dentice), tagliati a cubetti
- 1 tazza di succo di lime fresco
- 1 tazza di pomodori a dadini
- 1/2 tazza di cipolla rossa a dadini
- 1/2 tazza di coriandolo fresco tritato
- 1 peperoncino jalapeño, privato dei semi e tritato finemente
- 1 avocado, a dadini
- Sale e pepe a piacere
- Tortilla chips o tostadas, per servire

ISTRUZIONI:

a) Metti i cubetti di pesce in una ciotola di vetro o ceramica e versaci sopra il succo di lime. Assicurati che tutto il pesce sia immerso nel succo. Lasciare marinare in frigorifero per circa 20-30 minuti, mescolando di tanto in tanto, fino a quando il pesce diventa opaco e "cotto" nel succo di lime. Questo processo si chiama "cottura" del pesce nel succo di agrumi.

b) Mentre il pesce sta marinando, prepara il resto degli ingredienti. Tagliare a dadini i pomodori, la cipolla rossa, il peperoncino jalapeño e l'avocado. Tritare il coriandolo.

c) Scolare il succo di lime in eccesso dal pesce. Puoi premere delicatamente il pesce contro uno scolapasta o un colino per rimuovere la maggior parte del succo.

d) In una grande ciotola, unisci il pesce marinato, i pomodori a dadini, la cipolla rossa, il peperoncino jalapeño e il coriandolo tritato. Mescolare bene.

e) Incorporare delicatamente l'avocado a cubetti, facendo attenzione a non schiacciarlo troppo. L'avocado aggiunge cremosità al ceviche.

f) Condite con sale e pepe a piacere. Ricorda che il pesce è stato marinato nel succo di lime, quindi regola il condimento di conseguenza.

g) Lascia raffreddare il ceviche in frigorifero per circa 15-20 minuti per consentire ai sapori di fondersi insieme.

h) Servire il Ceviche Chingon freddo con tortilla chips o tostadas a parte. Puoi anche guarnirlo con foglie di coriandolo extra, spicchi di lime o jalapeños a fette, se lo desideri.

25. Ceviche di mango messicano e pesce bianco

INGREDIENTI:
- 2 libbre di pesce bianco, tagliato a cubetti
- 4 lime spremute
- $\frac{1}{2}$ arancia, spremuta
- 1 cucchiaio di olio d'oliva
- 1 peperoncino verde, tritato
- 2 manghi, tagliati a cubetti
- 5 cipolle verdi, tritate
- 3 pomodori, privati dei semi e tritati
- $\frac{1}{2}$ tazza di coriandolo fresco tritato
- sale e pepe nero macinato a piacere

ISTRUZIONI:

a) Unire pesce bianco, succo di lime, succo d'arancia, olio e peperoncino in una ciotola di vetro o ceramica. Coprire con pellicola trasparente e conservare in frigorifero per 90 mi nuti.

b) Mescolare mango e cipolle verdi, coprire e raffreddare per altri 10 minuti.

c) Piegare delicatamente in pomodori e coriandolo. Aggiustate di sale e pepe e servite subito.

26. Tacos di ceviche

INGREDIENTI:

- 1½ libbre di filetti di dentice rosso; in pezzi da mezzo pollice
- Succo di 10 lime
- 1 cipolla; tritato
- 1 peperoncino jalapeno; seminato/tritato finemente
- 14½ once Can pomodori
- ½ tazza di chicchi di mais
- ¼ tazza di coriandolo tritato
- 2 cucchiai di olio d'oliva
- 2 cucchiai di ketchup
- 1 cucchiaio di salsa Worcestershire
- ½ cucchiaino di origano essiccato
- Sale; due chiavi
- 8 tortillas di mais
- 1 cipolla rossa; affettato finemente
- 1 Avocado; sbucciato/affettato

ISTRUZIONI:

a) In una grande ciotola di vetro o alluminio non reattivo, unisci delicatamente il pesce e il succo di lime. Coprire, con servare in frigorifero e marinare durante la notte.

b) Quando rimuovi il pesce al mattino, sarà "cotto" e sicuro da mangiare.

c) Quando sei pronto per servire i tacos, unisci cipolla, jalapeno, pomodori, coriandolo di mais, olio d'oliva, ketchup, salsa Worcestershire e origano in una grande ciotola di vetro. Mescolare bene. Condire con sale a piacere.

d) Scolare e sciacquare il pesce, aggiungere al composto di pomodoro e mescolare delicatamente per ricoprire.

e) Riscalda le tortillas nel microonde o nel forno. Mettere $\frac{1}{8}$ del composto di pesce nella tortilla e guarnire con cipolla rossa e avocado.

27. Wasabi scatta insalata ceviche

INGREDIENTI:
- 600 grammi di filetti di dentice, a dadini
- ¼ tazza Namida Wasabi Vodka
- ½ tazza di succo di lime
- 1 scorza di lime
- 2 cucchiai Tabasco; o due chiavi
- 1 cucchiaio Zucchero
- 1 cucchiaino Sale
- 1 tazza di succo di pomodoro
- 1 cipolla rossa piccola; tritato
- 2 pomodori; privato del torsolo, senza semi, tritato
- 1 peperoncino rosso; senza torsolo, senza semi, a fette
- 2 cucchiai di coriandolo

ISTRUZIONI:
a) Mescola i primi sette elementi.
b) Coprire e conservare in frigorifero per almeno 1 ora.
c) Scoprire e aggiungere il resto degli ingredienti.
d) Mescola tutto bene.
e) Versare in una ciotola capiente.
f) Servire con un'altra ciotola piena di insalata e una ciotola di maionese al wasabi.

28. Ceviche di branzino

INGREDIENTI:

- 400 g di filetti di branzino fresco, tagliati a cubetti di 1 cm
- 1 cucchiaino di sale
- succo di 5 lime grassi
- ½ cipolla rossa, affettata molto finemente
- 3 o 4 peperoncini rossi piccanti (es. occhio di pernice), tritati finemente
- 1 mazzetto di coriandolo, tritato
- Pepe nero appena macinato
- un filo d'olio d'oliva, per servire

ISTRUZIONI:

a) Mettere il pesce a cubetti in una ciotola. Cospargere di sale, mescolando bene per amalgamare.
b) Lasciare riposare per 5 minuti.
c) In una ciotola o brocca separata, mescola il succo di lime, la cipolla, i peperoncini, il coriandolo e una buona macinata di pepe nero
d) Circa 10 minuti prima di servire, versa semplicemente la marinata sul pesce, mescola bene e lascia riposare. Per servire, versare in piccole tazze o impilare su un piatto e condire con un filo d'olio d'oliva.

29.Ceviche con avocado, pomodorini e cipollotti

INGREDIENTI:
- 1 mazzetto di cipollotti
- 5-6 lime
- 1 scatola di pomodorini
- 1 branzino sfilettato
- 2 peperoncini verdi
- ½ peperoncino
- 1 avocado (facoltativo)
- Coriandolo

ISTRUZIONI:
a) Inizia tagliando le cipolle e il peperone a cubetti molto piccoli.
b) Tagliare il pesce a cubetti e coprire con succo di lime. Deve essere completamente coperto in modo che il succo "cuocia" il pesce. Coprire e lasciare in frigo per 1 ora
c) Nel frattempo tritare i pomodori togliendo i semi e tagliandoli a cubetti. Preparate anche l'avocado il peperoncino togliendo i semi (o lasciateli dentro se vi piace più piccante) e il coriandolo
d) Togliere il pesce dal frigorifero e scolare il succo di limone lasciando il pesce 'cotto' nella ciotola
e) Amalgamate bene il tutto con un filo d'olio extravergine d'oliva e servite con la tortilla e un Pisco sour da bere

30.Ceviche de Corvina stile Panama

INGREDIENTI:
- 3 libbre di Corvina (spigola bianca)
- 1 ½ tazza di succo di lime
- 1 ½ chili di cipolla
- ½ Aji Chombo (pepe Habanero)
- 1 fetta di coriandolo (coriandolo)
- 1 fetta di coriandolo (coriandolo messicano o lungo)
- 1 cucchiaino di aceto
- 1 Sale
- 1 confezione di cracker salati

ISTRUZIONI:
a) Per prima cosa sfilettare il pesce e mettere i filetti in acqua fredda con ghiaccio e sale per 1 ora.
b) Tagliare le cipolle a quadratini.
c) Spremi i lime fino a ottenere circa 1 tazza e ½. (Metterli nel microonde per 30 secondi e poi arrotolarli premendo verso il basso per ottenere più succo)
d) Taglia metà Aji Chombo in pezzi molto piccoli (o aggiungi tutto il calore necessario)
e) Prendi una piccola quantità di coriandolo e coriandolo circa un cucchiaino ciascuno e taglia a pezzetti.
f) Dopo 1 ora scolate i filetti e tagliateli a quadratini aggiungete qualche pizzico di sale e mescolate in una ciotola.
g) Ora aggiungi l'Aji Chombo, il coriandolo, il coriandolo e le cipolle e mescola un po '.
h) Aggiungere il succo di lime e un cucchiaino di aceto bianco fino a ricoprire tutto di succo.

i) Il succo di lime "cucinerà o curerà" il pesce in 3 ore. 24 ore in stile panamense. Questo può quindi essere congelato o conservato in frigorifero.

j) Mangia con cracker salati, patatine Yuka e patatine di piantaggine.

31. Ceviche di halibut con pompelmo e peperoncini

INGREDIENTI:
- Filetto di halibut da 1 libbra
- ½ tazza di succo di lime appena spremuto
- 6 cucchiai di succo di pompelmo appena spremuto
- 1 pompelmo intero
- ½ cucchiaino di aglio tritato molto finemente
- 2 cucchiai di peperoncini rossi tritati molto finemente
- 1 cucchiaio di peperoncini verdi tritati molto finemente
- 2 cucchiai (confezionati) Chiffonade di menta fresca

CONTORNO
- Salsa piccante
- Olio extravergine d'oliva

ISTRUZIONI:
a) Con un coltello molto affilato, taglia l'ippoglosso a fette sottili e larghe. Mettere in una ciotola e mescolare con il succo di lime e il succo di pompelmo. Lasciar riposare a temperatura ambiente per 15 minuti.

b) Nel frattempo, taglia il pompelmo a metà, all'equatore, e usando un coltello da pompelmo, ritaglia i pezzi di pompelmo.

c) Taglia ogni pezzo a metà, nel senso più lungo. Quando sei pronto per servire il ceviche, scola completamente il liquido dall'ippoglosso e gettalo via.

d) Aggiungi pezzi di pompelmo al pesce, insieme ad aglio, peperoncini rossi, peperoncini verdi e menta.

e) Mescolare delicatamente. Dividi in 6 piatti, disponendo le strisce di halibut in modo piatto su ogni piatto. Condire con sale grosso, cospargere con salsa piccante e condire con olio extravergine di oliva.

f) Servire subito.

32. Halibut-Mango Ceviche

INGREDIENTI:

- 1 ½ libbre di halibut senza pelle e disossato, tagliato a cubetti da ½ pollice
- ⅓ tazza di succo di lime fresco
- ¼ tazza di succo di limone fresco
- ¼ tazza di tequila
- 3 peperoncini jalapeno, senza semi e tritati
- 1 mango - sbucciato, privato dei semi e tagliato a dadini
- 1 peperone verde, privato dei semi e tritato finemente
- ½ tazza di Vidalia tritata finemente o altra cipolla dolce
- ½ tazza di cipolla rossa tritata finemente
- 1 mango - sbucciato, privato dei semi e tagliato a dadini
- ½ mazzetto di coriandolo fresco tritato
- ¼ di tazza di prezzemolo fresco tritato
- 1 cucchiaino di sale o a piacere

ISTRUZIONI:

a) Unisci l'halibut a cubetti, il succo di lime, il succo di limone, la tequila, i peperoncini jalapeno tritati e 1 mango a cubetti in una ciotola non metallica. Coprire e conservare in frigorifero per 1 ora e mezza.

b) Dopo che il ceviche si è solidificato per 1 ora e mezza, aggiungi il peperone verde, la cipolla dolce e la cipolla rossa. Mescolare bene, quindi recuperare e conservare in f rigorifero per altri 30 minuti.

c) Piegare il rimanente mango a dadini, coriandolo e prezzemolo; condire a piacere con sale prima di servire.

33. Mahi mahi ceviche

INGREDIENTI:
- 1 libbra Mahi Mahi, a dadini piccoli
- ½ tazza di succo di limone fresco
- ½ tazza di succo di lime fresco
- 1 cucchiaio Tabasco
- 2 cucchiai di sale kosher
- 3 dadi piccoli di pomodoro 5x6
- 1 Dado piccolo di cipolla gialla grande
- ½ tazza di coriandolo fresco tritato

ISTRUZIONI:
a) Dai ricettari dello Chef Sergio Verduzco: Mescolare tutti gli ingredienti e lasciarli marinare per almeno 1 ora.

b) Scolare il succo in eccesso e conservare in frigorifero. Buono per massimo 3 giorni.

c) Scartare gli avanzi dopo 3 giorni.

34.Ceviche di rana pescatrice con avocado

INGREDIENTI:
- 500 g di filetti di rana pescatrice
- succo di 3 lime
- 1 peperoncino rosso medio piccante, tagliato a metà e privato dei semi
- 1 cipolla rossa piccola
- 6 pomodori a grappolo, spellati
- 3 cucchiai di olio extravergine di oliva
- 2 cucchiai di coriandolo fresco tritato
- 1 grande avocado maturo ma sodo

ISTRUZIONI:
a) Versare la rana pescatrice sul succo di lime, assicurandosi che tutte le fette di pesce siano completamente ricoperte di succo.

b) Nel frattempo, affetta ogni mezzo peperoncino in modo da ottenere fette molto sottili e leggermente arricciate. Tagliare la cipolla in quarti e poi tagliare ogni spicchio nel senso della lunghezza in fettine sottili a forma di arco. Tagliare ogni pomodoro in quarti e togliere i semi. Taglia ogni pezzo di carne nel senso della lunghezza in fettine sottili a forma di arco.

c) Poco prima di servire, togli la rana pescatrice dal succo di lime con un mestolo forato e mettila in una ciotola capiente con il peperoncino, la cipolla, il pomodoro, l'olio d'oliva, la maggior parte del coriandolo e un po' di sale a piacere. Mescolali insieme leggermente.

d) Tagliate a metà l'avocado, eliminate il nocciolo e sbucciatelo. Tagliate ogni metà nel senso della lunghezza a fettine sottili. Disporre 3-4 fette di avocado su un lato di ogni piatto. Metti il ceviche sull'altro lato e cospargilo con il resto del coriandolo. Servire subito.

35. Ceviche di rana pescatrice con cocco e lime

INGREDIENTI:

- 350 grammi coda di rana pescatrice; (tagliato di tutta la pelle)
- 4 Saltare le cipolle
- Scorza e succo di 2 lime
- ½ peperoncino rosso
- 5 cucchiai di crema di cocco
- ¼ Cipolla rossa
- 1 cucchiaio di erba cipollina fresca
- ¼ di cucchiaino di zucchero semolato
- Sale due chiavi
- ½ peperoncino rosso
- 1 mango maturo e sodo
- 1 pezzo di zenzero fresco
- ½ cucchiaino di zucchero semolato
- 1 manciata di foglie di coriandolo
- 2 pomodorini datterini; (da 2 a 3)
- Sale marino

ISTRUZIONI:

a) Tritare i cipollotti nel senso della lunghezza e metterli a bagno in una ciotola di acqua ghiacciata in frigorifero finché non si separano e si arricciano. Ci vorranno circa 45 minuti.

b) Mescolare il cocco e il lime per iniziare la marinata. Tritare molto finemente la cipolla rossa. Aggiungilo alla marinata di lime. Aggiungere sale e zucchero semolato a piacere e raffreddare.

c) Prepara il gusto. Tritate il coriandolo, tagliate finemente il peperoncino, sbucciate e grattugiate lo zenzero, tagliate finemente il mango, tagliate finemente il pomodoro (solo la polpa) e mescolate il tutto. Condire leggermente con sale marino e raffreddare.

d) Tagliare la coda di rospo piuttosto sottilmente a medaglioni. Mettere su un piatto piano e cospargere con la marinata. Rimettete in frigo. Dopo circa 10 minuti girare il pesce nella marinata. Il pesce sarà sbiancato e sembrerà "cotto" quando sarà pronto (cioè avrà assorbito i sapori e il lime avrà alterato lo stato proteico) Mettete un po' di condimento su ogni piatto. Completare con fette di rana pescatrice.

e) Guarnire con qualche ricciolo di cipollotto sgocciolato e poi versare la marinata di cocco sul pesce intorno al piatto.

36. Ceviche di pesce

INGREDIENTI:
- 4 pomodori
- 2 cetrioli
- 1 carota
- 12 lime
- 1 mango
- 1 arancia
- Una manciata di coriandolo
- $\frac{1}{2}$ cipolla
- 1 kg e mezzo di tilapia

ISTRUZIONI:
a) Tagliare a dadini i pomodori, la cipolla e il mango. Tritare le carote. Tritare il coriandolo.
b) In una pentola far bollire l'acqua con sale e aglio. Metti i pesci in una padella finché non appaiono bianchi.
c) Metti la tilapia nel succo di lime e arancia. Condire con pepe, sale e aglio. Puoi aggiungere un pizzico di origano e un po' di succo di jalapeño per insaporire. Lascia riposare per 30 minuti.
d) Mescola tutto. Aggiungi sale a piacere.

37. Pesce al forno alle erbe di limone

INGREDIENTI:

- 4 filetti di pesce bianco (come merluzzo, tilapia o sogliola)
- ½ tazza di miscela per biscotti Bisquick
- ½ cucchiaino di timo essiccato
- ½ cucchiaino di prezzemolo essiccato
- ½ cucchiaino di aglio in polvere
- ¼ di cucchiaino di sale
- ¼ cucchiaino di pepe nero
- Scorza di 1 limone
- 2 cucchiai di burro fuso
- 2 cucchiai di succo di limone
- Spicchi di limone, per servire
- Prezzemolo fresco, per guarnire (facoltativo)

ISTRUZIONI:

a) Preriscalda il forno a 200°C. Imburrate una teglia o foderatela con carta da forno.
b) In un piatto poco profondo, unire la miscela di cottura Bisquick, il timo essiccato, il prezzemolo essiccato, l'aglio in polvere, il sale, il pepe nero e la scorza di limone.
c) In una ciotola separata, mescolare il burro fuso e il succo di limone.
d) Immergi ogni filetto di pesce nella miscela di burro e limone, ricoprendolo bene.
e) Immergi i filetti di pesce nella miscela di erbe Bisquick, premendo leggermente per far aderire la miscela al pesce.
f) Mettere i filetti di pesce ricoperti nella teglia preparata.
g) Cospargi il composto di burro e limone rimanente sul pesce.

h) Cuocere nel forno preriscaldato per circa 12-15 minuti o fino a quando il pesce è cotto e si sfalda facilmente con una forchetta.

i) Togliere dal forno e guarnire con prezzemolo fresco, se lo si desidera.

j) Servire il pesce al forno alle erbe di limone con spicchi di limone sul lato per spremere sopra il pesce.

38. Ceviche di merluzzo, ahi e pomodoro cimelio

INGREDIENTI:
- 1 cipolla rossa di buone dimensioni, tritata finemente
- 3 peperoncini LG, senza semi e tritati
- 2 pomodorini gialli, tritati
- 2 pomodori Brandywine, tritati
- $\frac{3}{4}$ libbre 51-60 conteggio gamberi cotti pelati e senza code
- 2 cucchiai di aglio tritato
- 1 mazzetto di coriandolo, tritato
- 1 cucchiaino di cumino
- 1 cucchiaino di peperoncino in polvere
- 2 cucchiai di sale kosher a piacere
- Succo di 4 lime grandi
- $1\frac{1}{2}$ libbre. merluzzo, tagliato a pezzetti
- 4 once di filetto di tonno ahi, tagliato a pezzetti
- Condimenti
- Formaggio cheddar grattugiato
- Cotija grattugiata
- Salsa piccante
- Conchiglie Tostada

ISTRUZIONI:
a) Unisci entrambi i tipi di pesce e il succo di lime in una ciotola. Refrigerare per mezz'ora. Mescola spesso

b) Unisci il resto degli ingredienti tranne i condimenti in un'altra grande ciotola. Mescolare bene.

c) Dopo mezz'ora, il pesce dovrebbe essere opaco. Unire in un'altra ciotola compreso il succo. Mescolare bene. Refri gerare per mezz'ora.

d) Mescola di nuovo bene. Impiattare un guscio di tostada. Completare con il ceviche. Aggiungi cheddar e cotija. Condire con salsa piccante. Servire subito. Godere.

39. Ceviche di merluzzo al lime

INGREDIENTI:
- merluzzo da 1 libbra o altro pesce semiduro, a cubetti
- 1 tazza di succo di limone
- 1 peperoncino jalapeño fresco, diviso e tagliato a listarelle
- 1 testa di lattuga romana, divisa in foglie, lavata
- 1 spicchio d'aglio fresco, tritato finemente
- 1 tazza di succo di lime
- 2 cipolle rosse medie, separate in anelli
- $\frac{1}{2}$ cucchiaino di sale
- $\frac{1}{4}$ cucchiaino di pepe nero macinato

ISTRUZIONI:
a) Unire il succo di lime e limone, la cipolla, l'aglio, il sale e il pepe e versare la salsa sul pesce; marinare per 3 ore.
b) Assemblare ogni piatto disponendo su un piatto 2-3 foglie di lattuga lavate e separate.
c) Adagiare il pesce marinato sulle foglie di lattuga, eliminando la marinata.

40. Ceviche di merluzzo con microgreens al limone

INGREDIENTI:
- merluzzo da 1 libbra o altro pesce semiduro, a cubetti
- 1 tazza di microgreens al limone
- 2 tazze di succo di lime
- 2 cipolle rosse, separate in anelli
- 1 spicchio d'aglio fresco, tritato finemente
- $\frac{1}{2}$ cucchiaino di sale
- $\frac{1}{4}$ cucchiaino di pepe nero macinato
- 1 testa di lattuga romana, divisa in foglie, lavata
- 1 peperoncino jalapeño fresco, diviso e tagliato longitudinalmente in strisce da $\frac{1}{8}$ pollici

ISTRUZIONI:
a) Su una lastra di vetro piatta, taglia il pesce a cubetti da 1 pollice.
b) Unisci il succo di lime, la cipolla rossa, l'aglio, i microgreens di limone, il sale e il pepe nero in una ciotola di vetro.
c) Versare la salsa sul pesce ricoprendolo completamente.
d) Refrigerare il pesce e marinare per 3 ore, o fino a quando il pesce è opaco, mostrando che l'acido nel succo di lime lo ha cotto correttamente.
e) Assemblare ogni piatto disponendo su un piatto 3 foglie di lattuga lavate e separate.
f) Adagiare il pesce marinato sulle foglie di lattuga, eliminando la marinata.

PORTATA PRINCIPALE

41.Ravioli di ispirazione portoghese

INGREDIENTI:
PER LA PASTA DEI RAVIOLI:
- 2 tazze di farina per tutti gli usi
- 3 uova grandi
- ¼ di cucchiaino di sale
- 1 cucchiaio di olio d'oliva

PER IL RIPIENO:
- 1 tazza di bacalao cotto (baccalà), tritato
- 1 tazza di spinaci cotti, strizzati e tritati
- ¼ tazza di parmigiano grattugiato
- 2 spicchi d'aglio, tritati
- 1 cucchiaio di prezzemolo fresco tritato
- Sale e pepe a piacere

PER LA SALSA DI POMODORO:
- 2 cucchiai di olio d'oliva
- 1 cipolla piccola, tritata finemente
- 2 spicchi d'aglio, tritati
- 1 lattina (14 once) di pomodori a dadini
- 1 cucchiaino di paprika
- ½ cucchiaino di origano essiccato
- Sale e pepe a piacere

ISTRUZIONI:
PREPARARE LA PASTA DEI RAVIOLI:
a) In una ciotola capiente, unire la farina e il sale. Fate un buco al centro.
b) Rompi le uova nel pozzo e aggiungi l'olio d'oliva.
c) Usando una forchetta o le mani, mescola gradualmente la farina nelle uova fino a quando l'impasto inizia a riunirsi.

d) Trasferire l'impasto su una superficie leggermente infarinata e impastare per circa 5 minuti fino a ottenere un composto liscio ed elastico.

e) Avvolgere l'impasto nella pellicola trasparente e lasciarlo riposare per 30 minuti.

PREPARA IL RIPIENO:

f) In una ciotola unire il bacalao tritato, gli spinaci cotti, il parmigiano grattugiato, l'aglio tritato, il prezzemolo tritato, il sale e il pepe. Mescolare bene fino a quando tutti gli ingredienti sono incorporati uniformemente.

Stendere l'impasto:

g) Dividere l'impasto in quattro parti uguali.

h) Lavorando una porzione alla volta, stendetela sottilmente con il mattarello o con la macchina per la pasta.

i) Tagliare la pasta stesa in piccoli quadrati, di circa 3 pollici.

MONTARE I RAVIOLI:

j) Mettere una piccola quantità di ripieno al centro di ogni quadrato di pasta.

k) Ripiegare l'impasto formando un triangolo e premere bene i bordi per sigillare.

l) Usa una forchetta per piegare i bordi per un tocco decorativo.

m) Ripeti con l'impasto rimanente e il ripieno.

CUCINARE I RAVIOLI:

n) Portare a ebollizione una pentola capiente di acqua salata.

o) Immergi con cura i ravioli nell'acqua bollente e cuoci per circa 3-4 minuti finché non vengono a galla.

p) Togliere i ravioli cotti dall'acqua con una schiumarola e metterli da parte.

PREPARARE LA SALSA DI POMODORO:

q) In una casseruola, scaldare l'olio d'oliva a fuoco medio.

r) Aggiungere la cipolla tritata e l'aglio tritato. Soffriggere fino a quando la cipolla è traslucida.

s) Aggiungere i pomodori a cubetti, la paprika, l'origano essiccato, il sale e il pepe. Cuocere per circa 10 minuti, mescolando di tanto in tanto, fino a quando la salsa si addensa leggermente.

t) Disponete i ravioli cotti nei piatti da portata.

u) Versare la salsa di pomodoro sui ravioli.

v) Facoltativamente, guarnire con altro parmigiano grattugiato e prezzemolo tritato.

w) Servi i ravioli di ispirazione portoghese ben caldi.

42.Polpettone di merluzzo e patate

INGREDIENTI:

- Filetti di merluzzo da 1 libbra, privati della pelle e tritati
- 2 tazze di purè di patate
- ½ tazza di pangrattato
- ¼ tazza di cipolla tritata finemente
- 2 cucchiai di prezzemolo fresco tritato finemente
- 2 spicchi d'aglio, tritati
- 2 uova sbattute
- 1 cucchiaio di succo di limone
- ½ cucchiaino di sale
- ¼ cucchiaino di pepe nero

ISTRUZIONI:

a) Preriscalda il forno a 190°C e ungi una teglia.

b) In una ciotola capiente unire i filetti di merluzzo tritati, il purè di patate, il pangrattato, la cipolla, il prezzemolo, l'aglio, le uova, il succo di limone, il sale e il pepe nero.

c) Mescolare bene fino a quando tutti gli ingredienti sono incorporati uniformemente.

d) Trasferire il composto nella teglia preparata e modellarlo in una pagnotta.

e) Cuocere nel forno preriscaldato per circa 45-50 minuti o fino a quando la temperatura interna raggiunge i 145°F (63°C).

f) Lasciare riposare il polpettone per qualche minuto prima di affettarlo. Servire caldo.

43. Tacos di pesce bisquick

INGREDIENTI:

- 2 tazze di miscela Bisquick
- ⅔ tazza di latte
- Filetti di pesce bianco da 1 libbra (come merluzzo o tilapia)
- ½ tazza di farina
- 1 cucchiaino di paprika
- ½ cucchiaino di aglio in polvere
- Sale e pepe a piacere
- Olio vegetale per friggere
- Tortillas
- Lattuga tritata
- Pomodori a dadini
- Avocado a fette
- Spicchi di lime
- coriandolo (facoltativo)
- Salsa a scelta (come salsa tartara o maionese al chipotle)

ISTRUZIONI:

a) In una terrina, unire la miscela Bisquick e il latte per preparare la pastella per il pesce.
b) In una ciotola separata, mescola farina, paprika, aglio in polvere, sale e pepe per creare una miscela di dragaggio.
c) Tagliate i filetti di pesce a striscioline o a pezzetti.
d) Scaldare l'olio vegetale in una padella profonda o in una pentola per friggere.
e) Immergi ogni pezzo di pesce nella miscela di dragaggio, ricoprendolo uniformemente, quindi immergilo nella pastella Bisquick.
f) Metti con cura il pesce in pastella nell'olio caldo.

g) Friggere il pesce finché non diventa dorato e croccante, girandolo una volta.

h) Rimuovere il pesce dall'olio e posizionarlo su un piatto foderato di carta assorbente per far scolare l'olio in eccesso.

i) Riscalda le tortillas in una padella asciutta o nel microonde.

j) Assemblare i tacos di pesce mettendo su ogni tortilla alcuni pezzi di pesce fritto. Completare con lattuga tritata, pomodori a cubetti, avocado a fette, una spremuta di succo di lime, coriandolo (se lo si desidera) e la salsa preferita.

k) Servi subito i tacos di pesce.

44.Chips di pesce fritto con fiocchi di mais

INGREDIENTI:

- Spray da cucina per canola o olio d'oliva
- 1½ libbre di patate ruggine, strofinate e tagliate a spicchi spessi ¼ di pollice
- 4 cucchiaini di olio di canola
- 1 cucchiaino e mezzo di condimento cajun o creolo, diviso
- 2 tazze di cornflakes
- ¼ tazza di farina per tutti gli usi
- ¼ di cucchiaino di sale
- 2 albumi d'uovo grandi, sbattuti
- merluzzo da 1 libbra, o eglefino, tagliato in 4 porzioni

ISTRUZIONI:

a) Nel terzo superiore e inferiore del forno posizionare le griglie; preriscaldare a 425 ° F. Usa uno spray da cucina per rivestire una grande teglia. Su un'altra teglia grande, adagiare una gratella; utilizzare spray da cucina per il rivestimento.

b) Metti le patate in uno scolapasta. Risciacquare abbondantemente con acqua fredda, quindi utilizzare salviette di carta per asciugare completamente.

c) In una ciotola capiente, getta ¾ di cucchiaino di condimento cajun (o creolo), olio e patate.

d) Sulla teglia senza griglia, stendere il composto. Mettere sulla griglia inferiore del forno e cuocere per circa 30-35 minuti fino a doratura e ammorbidimento, girando ogni 10 minuti.

e) Nel frattempo, in un frullatore o robot da cucina, macina grossolanamente i cornflakes o schiacciali in un sacchetto di plastica sigillabile. Mettere su un piatto poco profondo. In un altro piatto poco profondo, metti il sale, il restante $\frac{3}{4}$ cucchiaino di condimento cajun (o creolo) e la farina; e in un terzo piatto fondo mettete gli albumi.

f) Immergi il pesce nella miscela di farina, immergilo nell'albume e poi nei fiocchi di mais macinati per ricoprire tutti i lati. Sulla griglia preparata, adagiare il pesce. Usa uno spray da cucina per ricoprire entrambi i lati del pesce impanato.

g) Sulla griglia superiore del forno, cuocere il pesce per circa 20 minuti fino a quando l'impanatura assume un colore marrone dorato e il pesce è croccante e opaco al centro.

45. Lasagne veloci di pesce

INGREDIENTI:
- 9 lasagne, cotte e scolate
- Filetti di pesce bianco da 1 libbra (come merluzzo, eglefino o tilapia), cotti e in scaglie
- 1 tazza di mozzarella grattugiata
- 1 tazza di parmigiano grattugiato
- 2 tazze di salsa marinara
- 1 tazza di ricotta
- $\frac{1}{4}$ di tazza di prezzemolo fresco tritato
- Sale e pepe a piacere
- Olio d'oliva per ungere la teglia

ISTRUZIONI:
a) Preriscalda il forno a 190°C e ungi una teglia con olio d'oliva.
b) In una ciotola mescolate il pesce cotto e sfaldato con la ricotta, il prezzemolo tritato, sale e pepe. Accantonare.
c) Stendere uno strato sottile di salsa marinara sul fondo della teglia.
d) Metti 3 lasagne sopra la salsa, leggermente sovrapposte.
e) Distribuire uno strato di composto di pesce sulle tagliatelle, seguito da una spolverata di mozzarella tritata e parmigiano grattugiato.
f) Ripeti gli strati, alternando tagliatelle, salsa marinara, composto di pesce, mozzarella e parmigiano. Terminare con uno strato di salsa marinara e una generosa spolverata di mozzarella a pezzetti sopra.

g) Coprire la teglia con un foglio e cuocere nel forno preriscaldato per 25 minuti. Quindi, rimuovere la pellicola e cuocere per altri 10-15 minuti fino a quando il formaggio diventa dorato e frizzante.

h) Una volta cotte, togliere le lasagne dal forno e lasciarle riposare per qualche minuto prima di servirle.

i) Servire le lasagne veloci di pesce tiepide e guarnire con prezzemolo fresco, se lo si desidera.

46. Baccalà al vapore Matcha

INGREDIENTI:
- 2 tazze di patate dolci sbucciate alla julienne
- merluzzo da 1 libbra, tagliato in 4 pezzi
- 2 cucchiaini di polvere di matcha
- 4 cucchiai di burro non salato
- 8 rametti di timo fresco
- 4 fette di limone fresco
- 1 cucchiaino di sale kosher

ISTRUZIONI:
a) Preriscalda il forno a 425 gradi F. Prendi 4 fogli di carta pergamena, ciascuno di circa 12 per 16 pollici, a metà e poi apri per fare una piega.

b) Metti una pila di strisce di patate dolci su un lato di ogni pezzo di pergamena e copri ciascuna con un pezzo di merluzzo.

c) Cospargere ogni pezzo di pesce con 1 cucchiaino di matcha, quindi guarnire ciascuno con 1 cucchiaio di burro, 2 rametti di timo e una fetta di limone; condire con sale.

d) Ripiegare la carta pergamena per racchiudere il ripieno e piegare i bordi per sigillare e formare un pacchetto a forma di mezzaluna.

e) Trasferire su una teglia e cuocere per 20 minuti. Rimuovere i pacchetti dal forno e lasciarli riposare per 5-10 minuti prima di aprirli.

47. Tacos di pesce alla griglia con salsa verde

INGREDIENTI:
- 3½ tazze Cavolo rosso o verde finemente tritato
- ¼ di tazza di aceto bianco distillato
- Sale e pepe
- ¾ libbre Tomatillos freschi
- 2 cucchiai di olio per insalata
- 1 cipolla, tagliata a fette di ½ pollice
- 1½ libbre di filetti di pesce dalla pelle a polpa soda (lingcod, branzino)
- 4 peperoncini jalapeno
- 2 cucchiaini di succo di lime
- ¾ tazza di foglie di coriandolo fresco
- 1 spicchio d'aglio
- 12 tortillas calde di mais o farina a basso contenuto di grassi (6-7 pollici)
- Panna acida a basso contenuto di grassi
- Spicchi di lime

ISTRUZIONI:
a) Cerca i piccoli tomatillos verdi con gusci di carta in alcuni supermercati e negozi di alimentari latini.
b) Mescolare il cavolo con aceto e 3 cucchiai d'acqua. Aggiungere sale e pepe a piacere. Coprire e raffreddare.
c) Rimuovere ed eliminare le bucce dai tomatillos; sciacquare i pomodorini.
d) Infilare sugli spiedini. Spennellare leggermente un po' d'olio sulle fette di cipolla. Sciacquare il pesce e asciugarlo. Spennellare il pesce con l'olio rimanente.
e) Metti i tomatillos, la cipolla e i peperoncini su una griglia del barbecue.

f) Cuocere, girando se necessario, fino a quando le verdure sono dorate, 8-10 minuti.

g) Mettere da parte a raffreddare.

h) Mettere il pesce sulla griglia (a fuoco alto). Cuocere, girando una volta, fino a quando il pesce è opaco ma ancora umido nella parte più spessa (tagliata a piacere), 10-14 minuti.

i) Rimuovere i gambi dai peperoncini; rimuovere i semi.

j) In un frullatore o robot da cucina, frullare tomatillos, peperoncini, succo di lime, $\frac{1}{4}$ c di coriandolo e aglio fino a che liscio. Tritare le cipolle. Aggiungere la cipolla tritata alla miscela di salsa e sale e pepe a piacere.

k) Versare in una piccola ciotola.

l) Per assemblare ogni taco, riempire una tortilla con un po' di salsa di cavolo, qualche pezzo di pesce, salsa e panna acida. Aggiungere una spruzzata di lime e sale e pepe a piacere.

48. Branzino al forno, alla brasiliana

INGREDIENTI:

- 3 libbre di filetti di branzino, spessi 1 pollice
- 1 cucchiaino Sale
- 2 cucchiai Farina
- 2 cipolle medie affettate
- ¼ tazza di olio d'oliva
- ⅓ tazza di aceto di vino bianco
- 3 spicchi d'aglio, schiacciati o
- Tritato
- 1 cucchiaino di senape gialla preparata
- 2 cucchiai di prezzemolo essiccato
- 1 cucchiaio Succo di limone fresco
- ¼ di bicchiere di vino bianco secco
- ¼ di cucchiaino di coriandolo macinato

ISTRUZIONI:

a) Cospargere il pesce con sale; spolverare leggermente di farina.
b) Disporre il pesce in una teglia poco profonda da 8 * 12 ".
c) Soffriggere le cipolle in olio d'oliva in padella finché non si ammorbidiscono; posizionare sopra il pesce.
d) Unire aceto di vino, aglio, origano e senape, prezzemolo, coriandolo e succo di limone; mescolare bene e versare sul pesce.
e) Versa il vino intorno al pesce; cuocere, scoperto, in 350 forni per circa 45 minuti. Pollock o halibut possono essere usati.
-

49. Branzino alla griglia con salsa

INGREDIENTI:

- 4 branzini interi piccoli
- 4 cucchiai di olio d'oliva; diviso
- essenza
- ½ tazza di cipolle tritate
- 1 tazza sbucciata; toma roma senza semi e tritata
- ⅓ tazza di olive nere snocciolate
- 1 tazza di fave fresche; sbollentato, sbucciato
- 1 cucchiaio di aglio tritato
- 2 cucchiaini di filetti di acciuga tritati
- 1 cucchiaio di prezzemolo fresco tritato finemente
- 1 cucchiaio di basilico fresco tritato
- 1 cucchiaio di timo fresco tritato
- 1 cucchiaio di origano fresco tritato
- ½ bicchiere di vino bianco
- 1 panetto di burro; tagliare a cucchiai
- 1 sale; due chiavi
- 1 pepe nero appena macinato; due chiavi
- 2 cucchiai di prezzemolo tritato finemente

ISTRUZIONI:

a) Preriscalda la griglia. Usando un coltello affilato, fai tre tagli su ciascun pesce ad angolo. Strofina ogni pesce con 2 cucchiai di olio d'oliva e condisci con l'Essenza di Emeril.

b) Mettere il pesce sulla griglia calda e grigliare per 4-5 minuti su ciascun lato, a seconda del peso di ciascun pesce.

c) In una padella scaldare l'olio d'oliva rimanente. Quando l'olio è caldo, soffriggere le cipolle per 1 minuto. Aggiungere i pomodori, le olive nere e le fave. Condire con sale e pepe. Soffriggere per 2 minuti.
d) Mescolare l'aglio, le acciughe, le erbe fresche e il vino bianco. Portare il liquido a ebollizione e ridurre a fuoco lento. Cuocere a fuoco lento per 2 minuti.
e) Piegare il burro, un cucchiaio a un'ora.

50. Branzino con Ceci e Menta

INGREDIENTI:
- 2 fogli di alluminio per impieghi gravosi da 12 pollici quadrati
- 1 cucchiaio di olio d'oliva
- 2 libbre di filetti di branzino
- 1 tazza di foglie di menta, lavate e private del gambo
- 1 pomodoro medio, a fette spesse
- 1 piccola cipolla bianca dolce, affettata sottilmente
- ½ tazza di ceci cotti
- 1 cucchiaino di cumino macinato
- ½ cucchiaino di coriandolo macinato
- ¼ di cucchiaino di pepe di cayenna
- ¼ di cucchiaino di cannella in polvere
- Sale e pepe nero appena macinato

ISTRUZIONI:
a) Preriscaldare una griglia.

b) Stendere un pezzo di carta stagnola, spennellare con olio e adagiarvi sopra i filetti di branzino. Mettere a strati le foglie di menta, il pomodoro, la cipolla, i ceci, il cumino, il coriandolo, il pepe di Caienna, la cannella e sale e pepe a piacere sui filetti.

c) Avvolgi la pellicola attorno agli strati e aggraffali insieme nella parte superiore. Avvolgi il secondo pezzo di carta stagnola attorno al primo, ma piegalo insieme nella parte inferiore. Questo forma un pacchetto sicuro in cui il branzino e altri ingredienti possono cuocere a vapore.

d) Appoggia il pacchetto sulla griglia e cuoci per 6-8 minuti. Girare e cuocere da 4 a 5 minuti in più, o fino a quando il pesce è sodo al tatto.

e) Togliere la confezione dal fuoco, aprire la pellicola e servire.

51. Gruppi con salsa tandoori

INGREDIENTI:

- 1 tazza di yogurt bianco
- ¼ di tazza di zenzero fresco tagliato grossolanamente
- 4-5 scalogni, sbucciati e tagliati grossolanamente (includere tutto tranne ½ pollice di verdure)
- 6-8 spicchi d'aglio, sbucciati
- 2 cucchiai di polvere tandoori
- Succo di mezzo limone (circa 1 cucchiaio e mezzo)
- ½ cucchiaino di sale marino
- 4 fogli di alluminio per impieghi gravosi da 12 pollici per 18 pollici
- Filetti di cernia da 2 libbre, tagliati in quattro pezzi uguali

ISTRUZIONI:

a) Preriscaldare una griglia.
b) Unire lo yogurt, lo zenzero, lo scalogno, l'aglio, la polvere tandoori, il succo di limone e il sale nella ciotola di un robot da cucina per 1 minuto. Raschiare i lati e frullare per 30 secondi o fino a quando non si saranno amalgamati. Accantonare.
c) Con una spatola di gomma, rimuovere la salsa dalla ciotola del processore e strofinare generosamente su entrambi i lati di ogni filetto. Adagiare i filetti sulla carta stagnola, versare sopra l'eventuale salsa rimanente, ripiegare sopra l'alluminio e piegare bene per formare un sigillo solido.
d) Adagiare le buste sulla griglia e cuocere per 5 minuti; girare e cuocere per altri 5 minuti o fino a quando i filetti sono sodi al tatto.

e) Togli le buste dal fuoco e lascia che gli ospiti si aprano e scoprano la loro cena fumante.

52. Spigola alla griglia in Cornhusks

INGREDIENTI:
- 2 spighe di mais fresco
- 2 libbre di filetti di branzino, tagliati in quattro pezzi
- 4 cucchiai di burro non salato, tagliato a pezzi
- Succo di 1 limone (circa 3 cucchiai)
- Sale e pepe nero appena macinato
- spicchi di limone

ISTRUZIONI:
a) Preriscalda la griglia.
b) Staccare con cura i cornhusks e metterli da parte. Togli tutta la seta da ogni pannocchia.
c) Tenendo le pannocchie in posizione verticale, affetta verso il basso con un coltello affilato, tagliando il mais in file. Scartare le pannocchie e mettere da parte il mais tagliato.
d) Stendere e appiattire due o tre gusci per filetto. Cospargere uno strato di mais sulle foglie e adagiare un filetto ad angolo retto rispetto alle bucce, uno sopra ogni "pacchetto".
e) Coprire i filetti con il mais rimasto. Cospargere il mais con i pezzetti di burro.
f) Cospargere il succo di limone su ogni filetto e condire con sale e pepe.
g) Piega le bucce sopra i pacchetti su tutti i lati (per formare una busta) e fissale con stuzzicadenti.
h) Adagiare sulla griglia per circa 6 minuti; girare con cura con una spatola e cuocere 6 minuti in più, o fino a quando le bucce sono leggermente carbonizzate.
i) Servire subito con gli spicchi di limone.

53.Spigola striata con germogli di tifa

INGREDIENTI:
- 8-10 germogli di tifa, cime verdi rimosse
- 6-8 spugnole, pulite e rifilate
- ½ tazza di olio d'oliva più 1 cucchiaio
- ½ tazza di timo fresco, privato del gambo e pulito
- ½ cucchiaino di sale
- 1 cucchiaino di pepe nero appena macinato
- Filetto di branzino striato da 1 chilo e mezzo
- Sale e pepe nero appena macinato
- 2 cucchiai di burro
- Succo di 1 limone piccolo

ISTRUZIONI:
a) Preriscaldare una griglia.
b) Rimuovi lo strato esterno duro dalle tife e tagliale in diagonale come faresti con gli scalogni. Accantonare.
c) Mescolare ½ tazza di olio e timo, sale e pepe in una piccola ciotola.
d) Con un pennello o un cucchiaio da imbastitura, rivestire il filetto di branzino e trasferirlo sulla griglia.
e) Nel frattempo, scalda il burro e il restante 1 cucchiaio di olio in una padella a fuoco medio. Soffriggere le spugnole per 3-4 minuti, finché i funghi non si saranno ammorbiditi. Aggiungi i germogli di tifa affettati, abbassa il fuoco e cuoci per 2-3 minuti in più. Ridurre il calore e mantenere caldo.
f) Grigliare il branzino per 4-5 minuti su ciascun lato
g) Dividere in quattro porzioni e mettere su piatti caldi. Metti le spugnole e le tife accanto al branzino. Versare il succo di limone sul branzino e condire con sale e pepe aggiuntivi. Servire subito.

54. Branzino striato con salsa di gamberi

INGREDIENTI:
- 1 cipolla bianca dolce grande, tritata finemente
- 3-4 spicchi d'aglio, sbucciati
- 2 cucchiaini di zenzero fresco tritato finemente
- 1 cucchiaino di peperoncino in polvere
- 2½ cucchiai di olio di canola
- Filetti di branzino a strisce da 1½ libbre
- 1 pomodoro medio, a dadini
- 1 cucchiaio di pasta di gamberetti
- Succo di mezzo limone (circa 1 cucchiaio e mezzo)
- Riso bianco cotto

ISTRUZIONI:
a) Frullare la cipolla, l'aglio, lo zenzero e il peperoncino in polvere cinque o sei volte nella ciotola di un robot da cucina. Raschiare i lati e frullare per 1 o 2 minuti o fino a che liscio.
b) Scaldare l'olio in una padella media a fuoco medio-alto. Aggiungere gli ingredienti frullati, mescolare, abbassare la fiamma al minimo e cuocere per circa 15 minuti, coperto, mescolando di tanto in tanto, fino a quando non si addensa.
c) Nel frattempo, preriscaldare una griglia.
d) Adagiare i filetti su una griglia unta d'olio e cuocere per 3-4 minuti. Girare e cuocere da 4 a 5 minuti in più o fino a quando non diventa sodo. Spostati sul ripiano riscaldante della griglia.
e) Aggiungi i pomodori alla padella, cuoci per 3-4 minuti, aggiungi la pasta di gamberetti e mescola per 1 minuto.

f) Trasferire i filetti nella padella, versandoci sopra la salsa. Cospargere con il succo di limone, coprire per 1 o 2 minuti e togliere dal fuoco.
g) Dividere il pesce in quattro porzioni, versare la salsa su ciascuna e servire immediatamente con riso bianco.

55. Baccalà brasiliano

INGREDIENTI:
- 1½ libbre Due libbre di merluzzo essiccato ammollato
- 2 cipolle grandi, affettate
- 6 cucchiai di burro
- 1 spicchio d'aglio, tritato
- 3 patate grandi
- 2 cucchiai di pangrattato
- 10 olive verdi snocciolate
- 10 olive nere
- 4 uova sode
- ½ tazza di prezzemolo fresco tritato
- Aceto di vino
- Olio d'oliva
- Pepe nero macinato fresco

ISTRUZIONI:
a) Metti il merluzzo in una casseruola e aggiungi abbastanza acqua fredda da coprire. Portare a ebollizione.

b) Sfaldare la carne con una forchetta a pezzi grossi. Soffriggere le cipolle in 3 cucchiai di burro finché non sono tenere e dorate. Aggiungere l'aglio. Lessare le patate con la buccia in acqua salata. Quando sono teneri (circa 20 minuti), togliere dal fuoco, passare sotto l'acqua corrente fredda e togliere la buccia. Scolare e tagliare a pezzi da ¼ di pollice.

c) Preriscalda il forno a 350 gradi F. Ungere una casseruola da 1 litro e mezzo con i restanti 3 cucchiai di burro. Disporre uno strato di metà delle patate, poi metà del merluzzo, poi metà delle cipolle. Spolverizzate con un po' di pepe e ripetete la stratificazione. Cospargere le briciole di pane sopra lo strato superiore.
d) Cuocere per 15 minuti, o fino a quando non sarà riscaldato e leggermente dorato.

56. Black Cod con sorbetto all'arancia

INGREDIENTI:

- 1½ tazze di sorbetto all'arancia
- ½ tazza di menta fresca tritata finemente
- Succo di 1 arancia grande più scorza
- Filetti di merluzzo nero da 1½ libbre

ISTRUZIONI:

a) Preriscaldare una griglia.
b) Sciogli il sorbetto in una casseruola da 4 litri a fuoco medio-alto.
c) Aggiungere la menta, il succo d'arancia e metà della scorza. Abbassare il fuoco a medio e cuocere, scoperto, per 7-8 minuti o fino a quando si riduce di un terzo. Mettere da parte a raffreddare.
d) Adagiare i filetti in un contenitore poco profondo e versarvi sopra la salsa; girare e ricoprire accuratamente. Refrigerare per 30 minuti.
e) Rimuovere i filetti dalla marinata e trasferirli sulla griglia. Cuocere 4 minuti. Girare e spennellare altra marinata sopra. Cuocere 4 minuti in più o fino a quando il pesce è leggermente morbido quando viene colpito.
f) Dividere in quattro parti uguali, guarnire con la restante scorza d'arancia e servire.

57. Baccalà alla Puttanesca

INGREDIENTI:

- 2 fogli di alluminio resistente, ciascuno di 12 pollici quadrati
- Filetto di merluzzo da 2 libbre
- 1 cucchiaio di olio d'oliva
- 2 porri, i gambi verdi tagliati, affettati sottilmente
- 1 pomodoro medio, a dadini
- ¼ di bicchiere di champagne (o vino bianco secco)
- 8-10 olive Kalamata, snocciolate e affettate
- 3-4 spicchi d'aglio, tritati
- 2 cucchiai di capperi
- 1 cucchiaino di origano fresco
- 1 cucchiaino di aceto balsamico
- 1 cucchiaino di pepe nero appena macinato
- Sale

ISTRUZIONI:

a) Preriscaldare una griglia.
b) Adagiare il merluzzo sulla pellicola, spennellarlo con l'olio e adagiarvi sopra i porri, il pomodoro, lo champagne, le olive, l'aglio, i capperi, l'origano, l'aceto, il pepe e il sale a piacere.
c) Piegare saldamente la pellicola tutt'intorno. Avvolgi un secondo pezzo di pellicola attorno al pacchetto, piegandolo sul lato opposto. Assicurati che il pacco sia sicuro.
d) Mettilo sulla griglia direttamente sul fuoco. Cuocere per 8-10 minuti; girare e cuocere da 3 a 4 minuti in più. Aprire la confezione e inserire la punta di un coltello nel filetto. Se ti sembra solido, è fatto.

e) Togliere dal fuoco, scoprire e trasferire il piatto su un grande piatto da portata.

58. Stufato del pescatore brasiliano

INGREDIENTI:
- 3 cipolle, affettate
- ½ cucchiaino di aglio, tritato
- 2 cucchiai di margarina
- 16 once di fagioli bianchi, scolati
- 2 quarti d'acqua
- 2 foglie di alloro
- 16 once di brodo di pollo
- 16 once di pomodori stufati
- 1 cucchiaino e mezzo di timo
- Pesce bianco da 1 libbra
- ¼ tazza di succo di limone
- ½ tazza di acqua

ISTRUZIONI:
a) In una pentola capiente, cuocere le cipolle e l'aglio nella margarina fino a quando le cipolle sono trasparenti, circa 5 minuti.
b) Aggiungere i fagioli, 2 litri d'acqua, le foglie di alloro, il brodo di pollo, i pomodori e il timo.
c) Portare ad ebollizione; ridurre il calore e cuocere a fuoco lento per 30 minuti.
d) In una padella separata, fai sobbollire il pesce nel succo di limone e ½ tazza d'acqua fino a quando il pesce si sfalda facilmente con una forchetta, 5-10 minuti.
e) Scolare l'acqua al limone; aggiungere il pesce allo stufato e scaldare bene prima di servire.
-

59. Pesce bianco tuffato di granchio

INGREDIENTI:
- 4 filetti di pesce bianco (come merluzzo, eglefino o sogliola)
- 1 tazza di polpa di granchio (fresca o in scatola)
- 1/4 tazza di pangrattato
- 1/4 di parmigiano grattugiato
- 2 cucchiai di prezzemolo fresco tritato
- 2 cucchiai di maionese
- 1 cucchiaio di succo di limone
- 1 spicchio d'aglio, tritato
- Sale e pepe a piacere
- Olio d'oliva per cucinare

ISTRUZIONI:
a) Preriscalda il forno a 190°C.
b) In una ciotola unire la polpa di granchio, il pangrattato, il parmigiano, il prezzemolo, la maionese, il succo di limone, l'aglio tritato, il sale e il pepe. Mescolate bene fino a quando tutti gli ingredienti saranno amalgamati in modo omogeneo.
c) Adagiare i filetti di pesce bianco su una superficie pulita e dividere equamente tra loro il composto di granchio. Distribuire uniformemente il composto su un lato di ogni filetto.
d) Arrotolate bene i filetti partendo dalla parte più larga. Fissate gli involtini con degli stuzzicadenti per tenerli insieme.

e) Scaldare un filo d'olio d'oliva in una padella adatta al forno a fuoco medio. Una volta che l'olio è caldo, adagiare con cura gli involtini di pesce ripieno nella padella, con la cucitura rivolta verso il basso. Scottarli per 2-3 minuti fino a doratura.
f) Trasferisci la padella nel forno preriscaldato e cuoci per circa 15-20 minuti, o fino a quando il pesce è cotto e si sfalda facilmente con una forchetta.
g) Togliere la padella dal forno e lasciare riposare il pesce per qualche minuto prima di servire. Rimuovere con attenzione gli stuzzicadenti.
h) Servi gli involtini di pesce bianco ripieni di granchio come piatto principale con contorni a tua scelta, come verdure al vapore, riso o insalata fresca.

60. Filetti di sogliola alla griglia

INGREDIENTI:
- 8 Filetti di sogliola
- 1 cucchiaio e mezzo di succo di limone
- 2 cucchiai di burro
- $\frac{1}{4}$ tazza di sherry secco
- 1 cucchiaino di salsa di soia
- 2 rametti di prezzemolo tritato
- 1 tuorlo d'uovo

ISTRUZIONI:
a) Disporre i filetti in una padella per grigliare; cospargere con una parte di succo di limone e un punto di burro.
b) Cuocere alla griglia fino a quando il pesce inizia a rosolare; rimuovere.
c) Unire il succo di limone rimanente, lo sherry, la salsa di soia, il prezzemolo e il tuorlo d'uovo: mescolare bene. Versare sopra il pesce parzialmente cotto; tornare alla griglia fino a quando la salsa inizia a bollire.
d) Servi subito.

61.Pesce spada con salsa brasiliana

INGREDIENTI:
- 2 libbre di bistecche di pesce spada
- 1 cucchiaio di bayou esplosione
- 1 cucchiaio di olio d'oliva
- salsa brasiliana
- ¼ tazza di cipolle verdi tritate; per guarnire

ISTRUZIONI:
a) Cospargere entrambi i lati della bistecca di pesce spada con Bayou Blast e strofinare con le mani.
b) Scaldare l'olio in una padella capiente a fuoco alto. Aggiungere il pesce spada e scottare fino a medio-raro, circa 3 minuti per lato.
c) Per servire, disporre il pesce spada su piatti piani riscaldati, guarnire con salsa brasiliana e cospargere con cipolle verdi.

62. Pesce gatto avvolto in cavolo cappuccio

INGREDIENTI:

- 8 foglie di cavolo sbollentate
- 1 pomodoro, a dadini
- 1 tazza di olive kalamata senza semi e affettate
- 6 scalogni, tritati finemente
- 4-6 spicchi d'aglio, tritati
- 1 cucchiaio di olio d'oliva
- Sale e pepe nero appena macinato
- 4 filetti di pesce gatto, 8 once ciascuno
- Spicchi di limone per guarnire
- Riso integrale cotto

ISTRUZIONI:

a) Preriscaldare una griglia.
b) Adagiare quattro delle foglie di cavolo su una superficie di lavoro. Cospargere metà del pomodoro, olive, scalogno, aglio e olio e sale e pepe a piacere su ogni foglia.
c) Metti un filetto sopra ogni foglia; cospargere gli ingredienti rimanenti (compreso più sale e pepe, se lo si desidera) su tutto.
d) Completa ogni assemblaggio con i quattro verdi rimanenti e fissali saldamente con gli stuzzicadenti.
e) Mettere in una teglia per pizza forata oliata, posizionare la padella sulla griglia e abbassare il coperchio. Grigliare per 6-7 minuti. Girare delicatamente con una spatola e grigliare per 4-5 minuti in più, fino a quando non saranno leggermente dorati.
f) Metti una tasca su ciascuno dei quattro piatti. Rimuovere gli stuzzicadenti prima di guarnire con gli spicchi di limone. Servire con riso integrale.

63. Sunfish Digione

INGREDIENTI:
- ¼ tazza di maionese
- 2 cucchiai di senape gialla piccante
- Succo di mezzo limone (circa 1 cucchiaio e mezzo)
- ¼ di tazza di farina di mais
- 1 cucchiaino di dragoncello fresco tritato finemente
- 1 cucchiaio di grani di pepe nero spezzati
- 2-3 libbre di filetti di pesce luna

ISTRUZIONI:
a) Preriscaldare una griglia.
b) Mescolare la maionese, la senape, il succo di limone, la farina di mais, il dragoncello e i grani di pepe in una ciotola capiente.
c) Immergere i filetti nella miscela fino a ricoprirli completamente.
d) Metti i filetti sulla griglia e abbassa il fuoco a medio, se possibile. Chiudere il coperchio e cuocere per 6-8 minuti. Girare e cuocere da 4 a 5 minuti in più, fino a quando la farina di mais è leggermente carbonizzata. Servire subito.

64. Trota Farfalla Alla Griglia

INGREDIENTI:
- 3 cucchiai di olio di arachidi
- 1 tazza di shiitake affettato sottilmente
- 6-8 spicchi d'aglio, tritati finemente
- 1-2 peperoncini serrano, senza semi, sgranati
- 1 tazza di cavolo bianco tritato
- 1 carota piccola, sbucciata e tagliata a julienne
- $\frac{1}{2}$ tazza di brodo di pesce o di pollo
- $\frac{1}{4}$ di tazza di salsa di soia a basso contenuto di sodio
- Succo di 1 limone (circa 3 cucchiai)
- 1 trota al burro (2 libbre)
- 1 cucchiaino di origano fresco
- 1 cucchiaino di sale
- 1 cucchiaino di pepe nero appena macinato
- Riso bianco cotto

ISTRUZIONI:
a) Scaldare 2 cucchiai di olio in una padella capiente o wok a fuoco medio-alto. Soffriggere i funghi, l'aglio e i peperoncini per 3-4 minuti; aggiungere il cavolo e la carota e saltare in padella per 4-5 minuti in più, fino a quando le verdure non saranno completamente riscaldate.

b) Versare il brodo e ridurre di un terzo, circa 5 minuti. Aggiungere la salsa di soia, mescolare e ridurre la fiamma al minimo per mantenerla calda.

c) Cospargi il restante 1 cucchiaio di olio e il succo di limone sul pesce imburrato e condisci con l'origano, il sale e il pepe.

d) Fissare il pesce condito all'interno di un cesto di rete metallica. Adagiare il cestello sulla griglia e cuocere per 4-5 minuti; girare e cuocere 5 minuti in più, o fino a quando la carne è opaca.
e) Rimuovere il pesce dal cestello; dividerlo in due porzioni e versare sopra la salsa riscaldante. Servire subito con il riso bianco.

65. Trota Steelhead in salsa di vino rosso

INGREDIENTI:
- 2 cucchiai di olio d'oliva
- 1 gambo piccolo di sedano, tritato finemente
- 1 porro piccolo, solo la parte bianca
- 1 peperone verde piccolo, senza semi
- ½ libbra di funghi
- 1 tazza di Beaujolais o altro vino rosso sostanzioso
- 6 cucchiai di origano fresco, tritato finemente
- 1 cucchiaino di concentrato di pomodoro
- 1 trota iridea intera
- 1 tazza di panna
- 1 cucchiaino di sale e pepe

ISTRUZIONI:
a) Scaldare l'olio in una teglia o in una padella capiente a fuoco medio-alto, quindi aggiungere il sedano, il porro, il peperone e i funghi. Mescolare e cuocere a fuoco lento per circa 15 minuti.

b) Aggiungere il vino, 2 cucchiai di origano, 2 cucchiai di timo e il concentrato di pomodoro. Ridurre della metà, da 10 a 12 minuti. Togliere dal fuoco, coprire e mettere da parte.

c) Con un pennello o uno spray da cucina, ungere uniformemente la trota con un po' d'olio e posizionarla su una griglia oliata. Chiudete il coperchio e cuocete per 8-10 minuti per lato.

d) Nel frattempo, rimettere la salsa al vino rosso sul fornello a fuoco medio. Aggiungere la panna e mescolare spesso per evitare che si bruci. Ridurre il liquido di circa un terzo; questo dovrebbe richiedere circa 15 minuti.

e) Trasferire il pesce nella padella della salsa al vino rosso e ricoprire la trota con la salsa. Coprire e cuocere a fuoco lento per circa 5 minuti, fino a completo riscaldamento. Cospargere l'origano e il timo rimanenti e il sale e il pepe sopra e trasferire su un piatto da portata.

f) Disossare il pesce e dividerlo nei piatti. Servire con gli spicchi di limone.

66. Trota affumicata con salsa di senape

INGREDIENTI:
- Filetti di trota di lago da 1-2 libbre
- 1 cucchiaio di olio d'oliva
- 1 cipolla media, tritata grossolanamente
- $\frac{1}{2}$ pomodoro piccolo, a dadini
- $\frac{1}{2}$ tazza di olive di Gaeta o kalamata, snocciolate e tagliate a metà
- $\frac{1}{2}$ bicchiere di vino bianco secco
- $\frac{1}{4}$ tazza di timo fresco, tritato finemente
- 2 cucchiai di senape di Digione
- 1 cucchiaino di origano fresco, tritato finemente
- 1 cucchiaino di pepe nero appena macinato
- spicchi di limone

ISTRUZIONI:
a) Preparare una griglia per grigliare il fumo.
b) Adagiare i filetti sul lato freddo dell'affumicatore. Chiudete il coperchio e affumicate per circa 45 minuti. Girare e continuare a fumare 45 minuti in più, o fino a quando la carne è soda al tatto.
c) Spegnere il fuoco, posizionare i filetti sul ripiano riscaldante superiore della griglia e chiudere il coperchio.
d) Per preparare la salsa, nell'olio, soffriggere la cipolla, il pomodoro e le olive in una casseruola grande e scoperta a fuoco medio per 4-5 minuti. Mescolata.
e) Aggiungere lentamente il vino, il timo, la senape, l'origano e il pepe. Mescolare e cuocere a fuoco lento, scoperto, per 4-5 minuti o fino a quando si riduce della metà.

f) Dividi la trota in quattro pezzi; adagiare su piatti caldi e versare la salsa a parte. Servire con gli spicchi di limone.

67.Pesce persico alla griglia con arancia rossa

INGREDIENTI:
- Filetti di pesce persico da 2 libbre (da 4 a 8 filetti, a seconda delle dimensioni)
- Succo di ½ arancia (circa 4 cucchiai)
- 1 cucchiaio di sciroppo d'acero puro
- ½ cucchiaino di sale marino
- Scalogno tritato per guarnire
- Insalata di arance rosse
- Bulgur cotto o orzo perlato

ISTRUZIONI:
a) Unire i filetti, il succo d'arancia, lo sciroppo d'acero e il sale in un contenitore. Coprire e conservare in frigorifero per 30 minuti.
b) Preriscaldare una griglia.
c) Rimuovere i filetti dal contenitore, asciugarli e posizionarli su una griglia oliata. Cuocere per 3 o 4 minuti. Girare e cuocere 4 minuti in più, o fino a quando i filetti sono sodi al tatto.
d) Guarnire con scalogno. Servire immediatamente con insalata di arance rosse e bulgur.

68. Walleye alla griglia con uva

INGREDIENTI:
- Filetti di glaucomi da 1½ a 2 libbre
- 2 tazze e mezzo di criniera arruffata
- ½ tazza di succo d'uva bianca congelato
- ½ bicchiere di liquore all'arancia
- 4 cucchiai di burro non salato
- 1 tazza di uva globosa, tagliata a metà
- 2 cucchiai di pepe nero appena macinato
- Scorza di 1 arancia

ISTRUZIONI:
a) Spennellare la griglia e il lato della pelle dei filetti con olio. Cuocere i filetti per 4-5 minuti. Girare e cuocere da 3 a 4 minuti in più, o fino a quando la carne è soda al tatto. Trasferire sullo scaffale riscaldante e tenere al caldo.

b) Nel frattempo, per fare la salsa, soffriggere i funghi nel burro in una casseruola non reattiva fino a quando i funghi sono morbidi. Aggiungere il succo d'uva e il liquore. Alzare il fuoco a medio-alto e cuocere per 5-6 minuti, o fino a quando il liquido si riduce di circa un terzo.

c) Aggiungere l'uva e il pepe e ½ della scorza e mescolare per 1 o 2 minuti.

d) Dividi il glaucomi in quattro pezzi. Versare la salsa su quattro piatti e adagiarvi sopra i filetti.

e) Guarnire con il resto della scorza d'arancia e servire subito.

69. Rana pescatrice in una marinata di arachidi

INGREDIENTI:

- 1 lattina (14 once) di latte di cocco non zuccherato
- 3 cucchiai di burro di arachidi croccante
- 3 cucchiai di salsa di soia scura
- Lombi di rana pescatrice da 1 libbra
- 1 cucchiaino di olio vegetale
- 4-5 spicchi d'aglio, tritati finemente
- 2 cucchiai di zenzero fresco tritato finemente
- ½ tazza di sidro di mele
- 4-6 scalogni grandi, tritati finemente

ISTRUZIONI:

a) In un contenitore non reattivo, mescola il latte di cocco, il burro di arachidi e la salsa di soia. Marinare i lombi nella miscela per 1 o 2 ore, coperti, in frigorifero.

b) Rimuovere i lombi dalla marinata, scolarli e metterli da parte. Scartare la marinata.

c) Preriscaldare una griglia.

d) Adagiare i lombi di rana pescatrice su una griglia unta d'olio. Grigliare per 6-8 minuti; girare e grigliare per 6-8 minuti in più, o fino a quando i lombi si sentono sodi quando vengono premuti con il dito.

e) Scaldare l'olio a fuoco medio in una pentola capiente. Soffriggere l'aglio e lo zenzero per 2 o 3 minuti o fino a renderli morbidi. Aggiungere il sidro, mescolare per 1 minuto, quindi cospargere gli scalogni. Spegni il fuoco.

f) Dividi i lombi in quattro porzioni. Versare la salsa su ciascuno e servire immediatamente.

-

70. Tasche di rana pescatrice-cachi

INGREDIENTI:

- 4 foglie di verza , bollite
- 1 cucchiaino di olio di sesamo
- 1 cucchiaino di semi di sesamo
- 1 peperoncino jalapeño piccolo, tritato finemente
- 1 cipolla rossa media tagliata in 16 fette
- 2 cachi freschi, ciascuno tagliato in 8 fette
- Lombi di rana pescatrice da 1 libbra
- $\frac{1}{2}$ cucchiaino di grani di pepe nero spezzati
- Pizzico di sale

ISTRUZIONI:

a) Disporre le foglie di cavolo in piano, spennellarle con metà dell'olio di sesamo e cospargere con metà dei semi di sesamo e del jalapeño.

b) Adagiare due fette di cipolla e due fette di cachi su ogni pezzo di cavolo in modo che la cipolla sia contro la foglia di cavolo.

c) Metti un pezzo di pesce sulla cipolla e le fette di cachi. Completare con i cachi e la cipolla rimanenti.

d) Spennellate con l'olio rimanente e cospargete il tutto con i rimanenti semi di sesamo e jalapeño. Condire con i grani di pepe e il sale.

e) Tirare i lati delle foglie di cavolo, come per una busta, e fissarli con uno stuzzicadenti. Tirare le estremità e fissarle con un altro stuzzicadenti.

f) Posizionare le tasche sulla griglia, centrate sulla padella antifumo. Cuocere per 10-12 minuti. Spegni le fiamme occasionali con acqua.

g) Girare le tasche e cuocere altri 10 minuti.

71. Pesce bianco alla griglia Hoisin

INGREDIENTI:
- La scorza di 1 limone e il succo di ½ limone
- ¼ di tazza di salsa di soia a basso contenuto di sodio
- 2 cucchiai di grani di pepe nero spezzati
- 2 chili di filetti di pesce bianco
- ½ tazza di salsa hoisin
- Erba cipollina tritata per guarnire
- Peperone rosso tritato per guarnire

ISTRUZIONI:
a) Sbatti insieme la scorza e il succo di limone, la salsa di soia e i grani di pepe in una piccola ciotola.
b) Versare la marinata sui filetti e mettere in frigo per 30 minuti.
c) Preriscaldare una griglia.
d) Rimuovere i filetti dalla marinata, scolarli e asciugarli. Con un pennello da imbastitura, spennellare metà della salsa hoisin su entrambi i lati del coho.
e) Mettere i filetti direttamente sul fuoco e cuocere per 4 minuti. Spennellare con la salsa rimanente e girare. Cuocere per altri 4 minuti o fino a quando leggermente morbido al tatto.
f) Grigliare il pesce un tempo più breve se è al sangue, più a lungo se è ben cotto.
g) Dividete il pesce in quattro piatti, guarnite con l'erba cipollina e i peperoni rossi e servite subito.

72. Halibut grigliato nel latte di cocco

INGREDIENTI:

- 4 bistecche di halibut, spesse 1 pollice, circa 2 libbre
- 1 cucchiaio di olio vegetale
- 4-6 spicchi d'aglio, tritati finemente
- $\frac{1}{4}$ di tazza di zenzero fresco tritato finemente
- $\frac{1}{4}$ di tazza di peperoni jalapeño tritati finemente
- 1-2 filetti di acciuga, tritati
- $\frac{3}{4}$ tazza di brodo di pollo
- $\frac{1}{2}$ tazza di latte di cocco, non zuccherato
- 1/3 di tazza di salsa di pomodoro
- $\frac{1}{4}$ di tazza di salsa di soia scura
- Pepe nero appena macinato
- $\frac{1}{2}$ pomodoro, a dadini
- 1 cucchiaio di sciroppo d'acero puro
- 2 tazze di spaghetti di riso
- 1 cucchiaio di olio di sesamo
- 6-8 scalogni grandi
- spicchi di limone

ISTRUZIONI:

a) Grigliare l'halibut su una griglia oliata per circa tre quarti del tempo effettivo desiderato, da 3 a 4 minuti per lato .

b) Scaldare l'olio in una grande casseruola o wok e soffriggere l'aglio, lo zenzero, i peperoncini jalapeño e le acciughe a fuoco medio per 3-4 minuti.

c) Aggiungere il brodo, il latte di cocco, la salsa di pomodoro, la salsa di soia e il pepe nero a piacere; cuocere a fuoco medio per 7-8 minuti o fino a quando si riduce della metà. Aggiungere il pomodoro a cubetti e cuocere a fuoco lento per altri 3-4 minuti.

d) Soffriggere le tagliatelle nell'olio di sesamo finché non sono calde. Aggiungere circa un terzo della salsa dalla padella e mescolare.
e) Adagiare le bistecche di halibut grigliate calde nella padella con la salsa rimanente, versando la salsa sopra le bistecche e girando per ricoprire.
f) Cospargere gli scalogni sopra l'ippoglosso e servire con i noodles e gli spicchi di limone.

73. Sorbetto al limone - Mahi-Mahi glassato

INGREDIENTI:

- 2 tazze di sorbetto al limone congelato
- Succo di 1 limone grande (da 3 a 4 cucchiai) e scorza di 1 limone grande (circa 1 cucchiaio)
- Filetti di mahi-mahi da 2 libbre, spessi 1 pollice
- Coriandolo fresco tritato per guarnire

ISTRUZIONI:

a) Preriscaldare una griglia.
b) Sciogli il sorbetto per 4-5 minuti in una casseruola da 4 litri o in una casseruola grande a fuoco medio-alto.
c) Aggiungere il succo di limone e metà della scorza, abbassare il fuoco per sobbollire e ridurre di un terzo, circa 8 minuti.
d) Togliere dal fuoco e mettere da parte a raffreddare.
e) Adagiare i filetti su un piatto e versarci sopra metà della salsa raffreddata, girando per ricoprirli bene.
f) Trasferisci le bistecche sulla griglia e cuoci per 4-5 minuti. Girare, spennellare sopra la salsa riservata e cuocere per 5 minuti in più o fino a quando il pesce è sodo al tatto.
g) Guarnire con la restante scorza di limone e il coriandolo.

74.Ripieno di tilapia e caffè

INGREDIENTI:
- 2 bagel, tagliati a pezzetti
- 1 focaccina, fatta a pezzi
- 1 croissant, a pezzi
- $\frac{1}{4}$ di cipolla rossa piccola, tritata grossolanamente
- 1 arancia di media grandezza, tagliata a pezzetti
- 4 uova grandi
- Sale e pepe nero appena macinato
- 2 chili di tilapia
- 1 limone, in quarti

ISTRUZIONI:
a) Nella ciotola di un robot da cucina, frullare i pezzi di bagel, i pezzi di focaccina, i pezzi di croissant, la cipolla, i pezzi di arancia, le uova e il sale e il pepe a piacere per 10-15 secondi o fino a quando gli ingredienti non sono appena mescolati bene ma non ridotti in purea. Potrebbe essere necessario farlo in due o tre lotti. Mettere da parte il ripieno in una ciotola.

b) Disporre i quattro pezzi separati di pellicola. Metti un pezzo di tilapia su ciascuno e metti uno strato di ripieno spesso $\frac{1}{2}$ pollice su ogni filetto (ne userai circa $\frac{1}{2}$ tazza ciascuno). Spremere un quarto di limone su ciascuno di essi. Potresti avere un ripieno avanzato, che può essere congelato per un altro uso.

c) Pizzica insieme il foglio in alto. Metti i pacchetti di alluminio sulla griglia a fuoco alto. Cuocere per circa 10 minuti. Potrebbe essere necessario controllare se il ripieno è completamente riscaldato; in caso contrario, tornare alla griglia (e girare con attenzione) per altri 4-5 minuti.

d) Togliere dalla griglia e consentire agli ospiti di aprire i pacchetti e rimuovere il contenuto stesso per una presentazione più festosa.

75.Pompano alla griglia al curry

INGREDIENTI:
- 1 cucchiaio di olio d'oliva
- 1 cipolla media, tritata finemente (circa 1 tazza)
- 4-5 spicchi d'aglio, tritati finemente
- 1 cucchiaio di galanga tritata finemente (o zenzero)
- ½ tazza di latte di cocco leggero
- 2 bastoncini di citronella, ammaccati (o 2 larghe strisce di scorza di limone)
- 1 cucchiaino di peperoncino in polvere (o salsa piccante a piacere)
- 1 cucchiaino di curry in polvere
- 1 cucchiaino di curcuma macinata
- ½ cucchiaino di cannella in polvere
- Filetti pompano da 1½ libbre, spessi circa 1 pollice
- Succo di mezzo limone (circa 1 cucchiaio e mezzo)
- spicchi di limone

ISTRUZIONI:
a) Scaldare l'olio in una padella capiente a fuoco medio-alto. Soffriggere la cipolla, l'aglio e la galanga per 3-4 minuti.
b) Aggiungere il latte di cocco, la citronella, il peperoncino in polvere, il curry in polvere, la curcuma e la cannella. Cuocere per circa 5 minuti, o fino a quando il liquido si sarà ridotto di un terzo. Ridurre il calore al minimo.
c) Preriscaldare una griglia.
d) Adagiare i filetti su una griglia oliata, cospargere con il succo di limone e cuocere per 4-5 minuti. Girare e cuocere per 4-5 minuti in più o fino a quando il pesce è sodo al tatto.

e) Togliere i filetti dalla griglia, versarvi sopra la salsa calda, dividere in quattro porzioni e servire subito con gli spicchi di limone.

76. Yellowtail affumicato sopra il finocchio

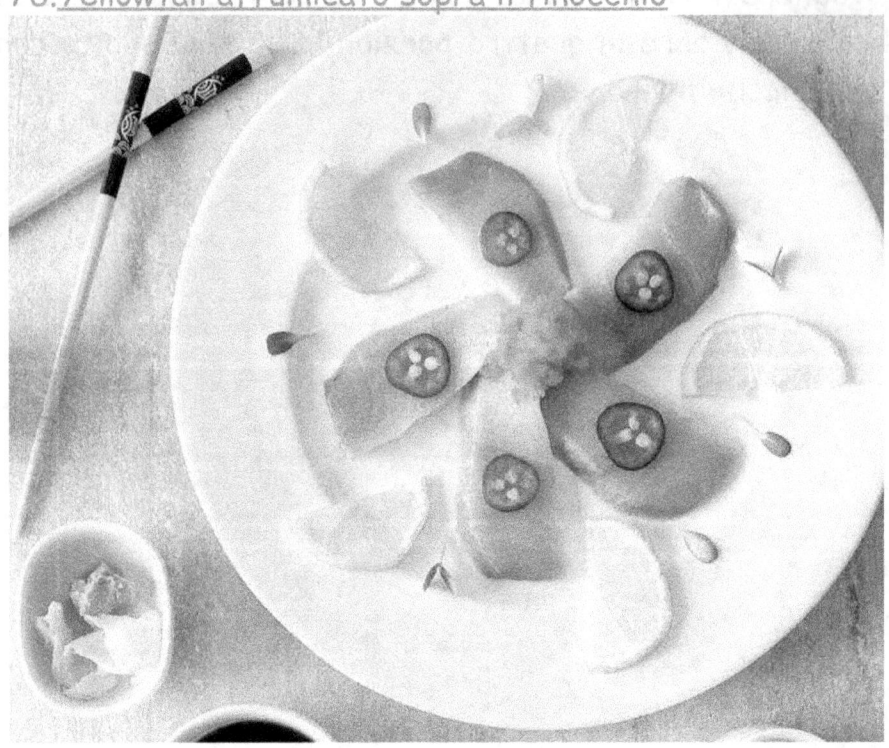

INGREDIENTI:
- ½ gambo di finocchio fresco, tagliato a metà nel senso della lunghezza
- Filetti di ricciola da 2 libbre
- spicchi di limone
- Salsa di senape all'aneto

ISTRUZIONI:
a) Preparare una griglia per grigliare il fumo.
b) Metti circa 2 tazze di chicchi di mais essiccati al centro di una padella antifumo o su un quadrato da 18 pollici di foglio di alluminio resistente. Adagiare il finocchio al centro del mais. Coprire e posizionare direttamente sopra la fonte di calore.
c) Aspetta fino a quando il mais e il finocchio iniziano a fumare, circa 10 minuti. Adagiare i filetti di ricciola sul lato freddo della griglia, su griglie oliate. Chiudete il coperchio e affumicate per un'ora o un'ora e mezza o finché il pesce non sarà leggermente dorato. Sollevare il coperchio solo occasionalmente per verificare la presenza di fiamme. Bagnare con acqua se necessario.
d) Togliere i filetti dal fuoco, dividerli in quattro porzioni e servire caldi con gli spicchi di limone e la salsa di senape all'aneto.

77. Ombrina affumicata

INGREDIENTI:
- ½ tazza di olio d'oliva
- Succo di 1 limone
- 2 cucchiai di origano tritato finemente
- 2 cucchiai di timo tritato finemente
- 1 cucchiaino di sale
- 1 cucchiaio di pepe nero appena macinato
- Filetti di ombrina da 2 libbre
- Chutney di papaia di papà

ISTRUZIONI:
a) Mescolare insieme l'olio, il succo di limone, l'origano, il timo, il sale e il pepe in una ciotola capiente.
b) Metti l'ombrina in un sacchetto di plastica richiudibile da 1 gallone o in una teglia di vetro. Versare la marinata sul pesce e conservare in frigorifero per 1 o 2 ore.
c) Preparare una griglia per grigliare il fumo.
d) Rimuovere l'ombrina dalla marinata, asciugarla e posizionarla sul lato freddo dell'affumicatore. Chiudete il coperchio e affumicate per circa 1 ora. La temperatura della griglia deve essere mantenuta tra 200 e 250 ° F.
e) Aggiungere il mais o i trucioli di legno se necessario, girare il pesce e affumicare per un'ora o un'ora e mezza in più o finché i filetti non saranno dorati. Servire caldo con il chutney di papaya Papa's.

78. Goujons di Sogliola al Limone

INGREDIENTI:
- 450 g di filetti di sogliola al limone sbucciati
- 100 g di pangrattato bianco fresco
- 25 g di parmigiano grattugiato finemente
- $\frac{1}{2}$ cucchiaino di pepe di cayenna
- olio di semi di girasole, per friggere
- 50 g (2 once) di farina normale
- 3 uova sbattute
- spicchi di limone, due porzioni

ISTRUZIONI:
a) Tagliare i filetti di pesce in diagonale in strisce larghe circa 2 cm e mezzo. Mescolare il pangrattato con il parmigiano grattugiato e il pepe di cayenna e poi mettere da parte. Scaldare un po' di olio per friggere a 190°C/375°F o fino a quando un cubetto di pane raffermo si dorerà in circa un minuto. Foderate una teglia con abbondante carta da cucina.
b) Passare i goujons pochi alla volta nella farina, poi nell'uovo sbattuto e infine nel composto di pangrattato, facendo in modo che tutti assumano una patina uniforme e rimangano separati.
c) Metti una piccola manciata di goujons nell'olio e friggi per circa 1 minuto fino a quando diventano croccanti e dorati. Sollevare con un cucchiaio forato sulla teglia foderata di carta per drenare e ripetere con il pesce rimanente, assicurandosi che l'olio sia tornato a temperatura prima.

d) Disporre i goujon su quattro piatti riscaldati e guarnire con gli spicchi di limone. Se vi piace, servite con un'insalata mista di foglie intere o di erbe aromatiche, semplicemente condita con un filo d'olio extravergine d'oliva e un po' di condimento.

79. Uova alla benedict con eglefino

INGREDIENTI:

- 300 ml (½ pinta) di latte
- 3 foglie di alloro
- 2 fette di cipolla
- 6 grani di pepe nero
- 4 pezzi di filetto di eglefino affumicato
- 1 cucchiaio di aceto di vino bianco
- 4 uova
- 2 muffin inglesi
- salsa olandese di buona qualità, due porzioni
- due contorni
- grani di pepe nero tritati grossolanamente
- qualche erba cipollina fresca tagliata

ISTRUZIONI:

a) In un pentolino portare a ebollizione il latte e 300 ml di acqua. Aggiungere le foglie di alloro, la cipolla, i grani di pepe e i pezzi di eglefino affumicato, riportare a ebollizione e cuocere a fuoco lento per 4 minuti. Sollevare l'eglefino su un piatto, staccare la pelle e tenerlo al caldo.

b) Portare a ebollizione circa 5 cm di acqua in una padella di medie dimensioni, aggiungere l'aceto e farlo sobbollire lentamente. Rompere le uova nella padella una alla volta e cuocerle per 3 minuti. Nel frattempo, taglia a metà i muffin e tostali fino a quando non saranno leggermente dorati. Sollevare le uova in camicia con una schiumarola e scolarle brevemente su carta da cucina.

c) Per servire, adagiare le metà del muffin su quattro piatti riscaldati e guarnire con l'eglefino e le uova in camicia. Versare sopra la salsa olandese e guarnire con una spolverata di pepe nero tritato ed erba cipollina tritata.

80. Filetto di halibut arrosto in crosta

INGREDIENTI:
- 1½ libbre filetto di halibut; tagliare in 4 porzioni
- Sale; due chiavi
- Pepe nero appena macinato; due chiavi
- 1 tazza Briciole di pane bianco fresco
- 1 tazza Foglie di prezzemolo
- 2 spicchi d'aglio
- 2 cucchiai di olio d'oliva
- 1 tazza Brodo di pollo
- 1 Pepe rosso
- 2 tazze Lenticchie cotte

ISTRUZIONI:
a) Preriscaldare sopra i 425 gradi. Condire l'ippoglosso con sale e pepe. In un robot da cucina, aggiungi il pangrattato, il prezzemolo e l'aglio e pulsa fino a quando non saranno ben amalgamati.

b) Mettere il pesce sulla griglia e condire sopra e sotto con olio d'oliva. Distribuire una miscela di briciole di pane spesse sopra il pesce.

c) Arrostire il pesce per 8-10 minuti. Man mano che il pesce si arrostisce, mettere il brodo e i pezzetti di peperoncino nella casseruola e portare a ebollizione. Ridurre e cuocere a fuoco lento fino a quando il peperone è morbido, circa 15 minuti. Condire con sale e pepe. Togliere dal fuoco e lasciare raffreddare per 5 minuti.

d) Versare in un frullatore e frullare la salsa di peperoni rossi per 3 minuti fino a renderla setosa. Rimuovere e passare attraverso un colino fine.

e) Impiattare il pesce su un letto di lenticchie calde e condire con salsa di peperoni rossi.

INSALATA

81. Insalata da colazione a base di pesce bianco ed erbe aromatiche

INGREDIENTI:
- 2 filetti di pesce bianco
- 4 tazze di insalata mista
- 1/2 tazza di pomodorini, dimezzati
- 1/4 di tazza di cetrioli affettati
- 1/4 di tazza di ravanelli affettati
- 1/4 di tazza di erbe fresche tritate (come prezzemolo, aneto ed erba cipollina)
- 2 cucchiai di succo di limone
- 2 cucchiai di olio d'oliva
- Sale e pepe a piacere

ISTRUZIONI:
a) Condire i filetti di pesce bianco con sale e pepe.
b) Scaldare l'olio d'oliva in una padella antiaderente a fuoco medio. Cuocere i filetti di pesce finché non sono ben cotti, circa 3-4 minuti per lato. Toglieteli dalla padella e lasciateli raffreddare leggermente.
c) Sminuzzare il pesce cotto in piccoli pezzi.
d) In una grande insalatiera unire l'insalata mista, i pomodorini, i cetrioli a fette, i ravanelli a fette e le erbe fresche tritate.
e) In una piccola ciotola, sbatti insieme il succo di limone, l'olio d'oliva, il sale e il pepe.
f) Aggiungere il pesce bianco a scaglie nell'insalatiera e condire con il condimento sull'insalata.
g) Mescolare delicatamente per unire.
h) Servi subito l'insalata di pesce bianco e le erbe aromatiche.

82. Insalata di pesce bianco con salsa al limone e aneto

INGREDIENTI:
- 2 filetti di pesce bianco, cotti e a scaglie
- 4 tazze di insalata mista
- 1 cetriolo, affettato
- 1/2 cipolla rossa, affettata sottilmente
- 1/4 di tazza di aneto fresco tritato
- Succo di 1 limone
- 3 cucchiai di olio d'oliva
- Sale e pepe a piacere

ISTRUZIONI:
a) In una grande insalatiera unire il pesce bianco a scaglie, l'insalata mista, il cetriolo affettato, la cipolla rossa affettata sottilmente e l'aneto fresco tritato.
b) In una piccola ciotola, sbatti insieme il succo di limone, l'olio d'oliva, il sale e il pepe per preparare il condimento.
c) Versare il condimento sull'insalata e mescolare delicatamente per unire.
d) Servi l'insalata di pesce bianco con salsa al limone e aneto fredda.

83. Insalata di pesce bianco e mango

INGREDIENTI:
- 2 filetti di pesce bianco, cotti e a scaglie
- 4 tazze di spinaci novelli
- 1 mango maturo, sbucciato e tagliato a dadini
- 1/4 di tazza di cipolle rosse affettate
- 1/4 di tazza di coriandolo fresco tritato
- Succo di 1 lime
- 2 cucchiai di olio d'oliva
- Sale e pepe a piacere

ISTRUZIONI:
a) In una grande insalatiera, unire il pesce bianco a scaglie, gli spinaci novelli, il mango a cubetti, le cipolle rosse affettate e il coriandolo fresco tritato.
b) In una piccola ciotola, sbatti insieme il succo di lime, l'olio d'oliva, il sale e il pepe per preparare il condimento.
c) Versare il condimento sull'insalata e mescolare delicatamente per unire.
d) Servire l'insalata di pesce bianco e mango fredda.

84. Insalata nizzarda di pesce bianco

INGREDIENTI:
- 2 filetti di pesce bianco, cotti e a scaglie
- 4 tazze di insalata mista
- 4 uova sode, tagliate a metà
- 1 tazza di pomodorini, dimezzati
- 1/2 tazza di cetrioli affettati
- 1/4 di tazza di olive nere affettate
- 2 cucchiai di capperi
- Succo di 1 limone
- 3 cucchiai di olio d'oliva
- Sale e pepe a piacere

ISTRUZIONI:
a) In un'insalatiera capiente unire il pesce bianco a scaglie, l'insalata mista, le uova sode tagliate a metà, i pomodorini, i cetrioli a fette, le olive nere a fette e i capperi.
b) In una piccola ciotola, sbatti insieme il succo di limone, l'olio d'oliva, il sale e il pepe per preparare il condimento.
c) Versare il condimento sull'insalata e mescolare delicatamente per unire.
d) Servire l'insalata nizzarda di pesce bianco fredda.

85. Insalata di pesce bianco e avocado

INGREDIENTI:
- 2 filetti di pesce bianco, cotti e a scaglie
- 4 tazze di rucola
- 1 avocado, affettato
- 1/4 di tazza di cipolle rosse affettate
- 1/4 di tazza di formaggio feta sbriciolato
- Succo di 1 limone
- 2 cucchiai di olio d'oliva
- Sale e pepe a piacere

ISTRUZIONI:
a) In una grande insalatiera unire il pesce bianco a scaglie, la rucola, l'avocado a fette, le cipolle rosse a fette e la feta sbriciolata.
b) In una piccola ciotola, sbatti insieme il succo di limone, l'olio d'oliva, il sale e il pepe per preparare il condimento.
c) Versare il condimento sull'insalata e mescolare delicatamente per unire.
d) Servi l'insalata di pesce bianco e avocado fredda.

86. Insalata di pesce bianco e quinoa

INGREDIENTI:

- 2 filetti di pesce bianco, cotti e a scaglie
- 2 tazze di quinoa cotta
- 1 tazza di cetrioli a dadini
- 1/2 tazza di peperoni rossi a dadini
- 1/4 di tazza di prezzemolo fresco tritato
- 1/4 di tazza di menta fresca tritata
- Succo di 1 limone
- 3 cucchiai di olio d'oliva
- Sale e pepe a piacere

ISTRUZIONI:

a) In una grande insalatiera, unire il pesce bianco a scaglie, la quinoa cotta, i cetrioli a dadini, i peperoni rossi a dadini, il prezzemolo fresco tritato e la menta fresca tritata.

b) In una piccola ciotola, sbatti insieme il succo di limone, l'olio d'oliva, il sale e il pepe per preparare il condimento.

c) Versare il condimento sull'insalata e mescolare delicatamente per unire.

d) Servire l'insalata di pesce bianco e quinoa fredda.

87. Insalata di pesce bianco e anguria

INGREDIENTI:
- 2 filetti di pesce bianco, cotti e a scaglie
- 4 tazze di spinaci novelli
- 2 tazze di anguria a cubetti
- 1/4 di tazza di formaggio feta sbriciolato
- 1/4 di tazza di menta fresca tritata
- Succo di 1 lime
- 2 cucchiai di olio d'oliva
- Sale e pepe a piacere

ISTRUZIONI:
a) In una grande insalatiera, unisci il pesce bianco a scaglie, gli spinaci novelli, l'anguria a cubetti, il formaggio feta sbriciolato e la menta fresca tritata.
b) In una piccola ciotola, sbatti insieme il succo di lime, l'olio d'oliva, il sale e il pepe per preparare il condimento.
c) Versare il condimento sull'insalata e mescolare delicatamente per unire.
d) Servire l'insalata di pesce bianco e anguria fredda.

88. Insalata di pesce bianco e agrumi

INGREDIENTI:
- 2 filetti di pesce bianco, cotti e a scaglie
- 4 tazze di insalata mista
- Segmenti di 2 arance
- Segmenti di 2 pompelmi
- 1/4 di tazza di cipolle rosse affettate
- 1/4 di tazza di basilico fresco tritato
- Succo di 1 limone
- 3 cucchiai di olio d'oliva
- Sale e pepe a piacere

ISTRUZIONI:
a) In una grande insalatiera unire il pesce bianco a scaglie, l'insalata mista, gli spicchi d'arancia, gli spicchi di pompelmo, le cipolle rosse affettate e il basilico fresco tritato.
b) In una piccola ciotola, sbatti insieme il succo di limone, l'olio d'oliva, il sale e il pepe per preparare il condimento.
c) Versare il condimento sull'insalata e mescolare delicatamente per unire.
d) Servire l'insalata di pesce bianco e agrumi fredda.

ZUPPE

89.Brodo di pesce

INGREDIENTI:

- 2 cucchiai di olio vegetale
- 2 carote medie, tritate finemente
- 2 gambi di sedano, tritati finemente
- 1 cipolla spagnola grande, tritata finemente
- 1 chilo di funghi, affettati sottilmente
- 4-6 spicchi d'aglio, tritati
- Telai e teste di pesce da 3-5 libbre
- 1 tazza di prezzemolo fresco
- 6 foglie di alloro
- $\frac{1}{4}$ di tazza di pepe nero in grani
- 5-6 rametti di timo
- 4-5 rametti di origano
- 4 litri d'acqua
- 1 bicchiere di vino bianco secco

ISTRUZIONI:

a) Scaldare l'olio in una pentola a fuoco medio-alto. Aggiungere le carote, il sedano, la cipolla, i funghi e l'aglio. Cuocere, mescolando per 8-10 minuti.

b) Nel frattempo, ammucchiare le parti di pesce su un pezzo di garza e legarle con lo spago. Metti il prezzemolo, le foglie di alloro, i grani di pepe, il timo e l'origano sull'altro pezzo di garza. Legare con lo spago.

c) Aggiungi i pacchetti di acqua, vino e garza nella pentola. Portare a ebollizione, ridurre il fuoco a medio e cuocere a fuoco lento, scoperto, per 45 minuti.

d) Rimuovere i pacchetti di garza dal liquido, strizzarli e scartarli. Filtrare il liquido rimanente attraverso un colino e lasciare raffreddare per circa 45 minuti.

90. Zuppa di San Pietro

INGREDIENTI:

- 500 g di cozze, pulite
- 150 ml (¼ di pinta) di sidro della Cornovaglia
- 25 g (1 oz) di burro
- 100 g di pancetta affumicata senza cotenna
- 1 cipolla piccola, tritata finemente
- 20 g (¾ oz) di farina
- 1 litro di latte intero
- 2 patate
- 1 foglia di alloro
- 225 g (8 once) di filetto di San Pietro
- 120 ml di doppia panna
- pizzico di pepe di cayenna
- sale e pepe bianco macinato fresco
- 2 cucchiai di prezzemolo fresco tritato

ISTRUZIONI:

a) Mettere le cozze pulite e il sidro in una padella di medie dimensioni a fuoco alto. Coprire e cuocere per 2-3 minuti o fino a quando non si sono appena aperti, scuotendo la padella di tanto in tanto.

b) Sciogliere il burro in un'altra padella, aggiungere la pancetta e soffriggere fino a quando non diventa leggermente dorata. Aggiungere la cipolla e cuocere dolcemente per 5 minuti o finché la cipolla non si sarà ammorbidita.

c) Mescolare la farina e cuocere per 1 minuto. Mescolare gradualmente nel latte e quindi aggiungere tutto tranne l'ultimo cucchiaio o due del liquore di cottura delle cozze . Aggiungere le patate e la foglia di alloro e 1 cucchiaino raso di sale e cuocere a fuoco lento .

d) Togliere la foglia di alloro, aggiungere i pezzi di San Pietro e cuocere a fuoco lento per 2-3 minuti o fino a quando il pesce è appena cotto. Unire la doppia panna .
e) Togliere dal fuoco e mantecare con le cozze .

91. Shad affumicato con Gazpacho

INGREDIENTI:

- Succo di 1 limone
- Filetti di alosa disossati da 2 libbre
- 2 cucchiai di grani di pepe nero spezzati
- 1 cucchiaio di sale marino
- 1 lattina (14½ once) di pomodori in umido
- 1 cucchiaio di olio d'oliva
- 2 cucchiaini di aceto di sidro
- ½ cucchiaino di coriandolo macinato
- ½ cucchiaino di cumino macinato
- ½ cucchiaino di salsa piccante, più extra se lo si desidera
- ½ cucchiaino di origano essiccato
- 1 cetriolo inglese
- 1 peperone verde piccolo, tritato grossolanamente
- 1 piccola cipolla bianca dolce, tritata grossolanamente
- 8 spicchi d'aglio, tritati
- 1 pomodoro medio, tritato grossolanamente

ISTRUZIONI:

a) Versare 1 cucchiaio e mezzo di succo di limone sui filetti di alosa e condire con 1 cucchiaino di grani di pepe e ½ cucchiaino di sale.
b) Affumicare sul lato freddo della griglia per 1 ora e mezza, o fino a quando i filetti hanno assunto una tonalità dorata ma rimangono morbidi. Sfornare e mettere in frigo per almeno 12 ore.

c) Per preparare il gazpacho, frullare quattro o cinque volte il succo di limone rimanente, i grani di pepe e il sale e i pomodori stufati, l'olio, l'aceto, il coriandolo, il cumino, la salsa piccante e l'origano nella ciotola di un robot da cucina.

d) Aggiungi metà del cetriolo, metà del peperone, metà della cipolla e metà dell'aglio. Pulisci cinque o sei volte, quindi trasferisci in una ciotola capiente.

e) Aggiungere il pomodoro e le restanti verdure tritate e mescolare bene. Coprite e trasferite in frigorifero per almeno 12 ore.

92. Classica Zuppa di Pesce con Rouille

INGREDIENTI:

- 900 g di pesce misto
- 85 ml (3 once fluide) di olio d'oliva
- 75 g di cipolla, sedano, porro e finocchio
- 3 spicchi d'aglio, affettati
- succo di ½ arancia e scorza di arancia
- 200 g di pomodori tagliati in scatola
- 1 peperoncino piccolo, privato dei semi e affettato
- 1 foglia di alloro
- rametto di timo
- pizzico di zafferano in fili
- 100 g di gamberi cotti e non pelati
- pizzico di pepe di cayenna
- 1,2 litri (2 pinte) di brodo di pesce di buona qualità
- 25g (1oz) parmigiano, finemente grattugiato, per servire

ISTRUZIONI:

a) Scaldare l'olio d'oliva in una padella capiente, aggiungere le verdure e l'aglio e cuocere a fuoco lento per 20 minuti o fino a quando non diventano morbide ma non colorate.

b) Aggiungere la scorza d'arancia, i pomodori, il peperoncino, l'alloro, il timo, lo zafferano, i gamberi, il pepe di Caienna ei filetti di pesce. Aggiungere il brodo di pesce e il succo d'arancia, portare a ebollizione e cuocere a fuoco lento per 40 minuti.

c) Frullate la zuppa e passatela al setaccio in una padella pulita, facendo uscire quanto più liquido possibile con il dorso di un mestolo. Rimettete la zuppa sul fuoco e condite a piacere con pepe di Caienna, sale e pepe.

d) Mestola la zuppa in una zuppiera riscaldata e metti i crostini, il parmigiano e la rouille in piatti separati.

e) Per fare i crostini, affetta sottilmente 1 baguette e friggi le fette in olio d'oliva fino a renderle croccanti e dorate. Scolare su carta da cucina e quindi strofinare uno spicchio d'aglio su un lato di ogni pezzo.

93.Zuppa di merluzzo all'arancia

INGREDIENTI:
- Filetti di merluzzo da 1 libbra, tagliati a pezzetti
- 1 cipolla, tritata
- 2 spicchi d'aglio, tritati
- 2 carote, a dadini
- 2 gambi di sedano, a dadini
- 4 tazze di brodo vegetale o di pesce
- Succo e scorza di 1 arancia
- 1 foglia di alloro
- 1 cucchiaino di timo essiccato
- 1/2 cucchiaino di paprika
- Sale e pepe a piacere
- Prezzemolo fresco tritato (per guarnire)

ISTRUZIONI:
a) In una pentola capiente, scalda dell'olio a fuoco medio. Aggiungere la cipolla e l'aglio e cuocere fino a quando la cipolla diventa traslucida.

b) Aggiungere le carote e il sedano nella pentola e cuocere ancora per qualche minuto, fino a quando le verdure iniziano ad ammorbidirsi.

c) Versare il brodo vegetale o di pesce, il succo d'arancia e la scorza d'arancia. Aggiungere la foglia di alloro, il timo essiccato, la paprika, il sale e il pepe. Mescolare bene per unire.

d) Portare a ebollizione la zuppa, quindi abbassare la fiamma e lasciar sobbollire per circa 15 minuti, o finché le verdure non saranno tenere.

e) Aggiungi i pezzi di merluzzo nella pentola e cuoci per altri 5-7 minuti, o fino a quando il merluzzo è cotto e si sfalda facilmente.

f) Rimuovere la foglia di alloro dalla zuppa. Assaggia e regola il condimento se necessario.
g) Versare la zuppa nelle ciotole, guarnire con prezzemolo fresco e servire caldo.

DOLCE

94. Gallette di merluzzo alla brasiliana

INGREDIENTI:
- 10 once Baccalà; a fette spesse
- 8 once di patate farinose
- Burro
- Latte
- 3 cucchiai di prezzemolo (colmi).
- 1 cucchiaio di menta (colmo); tritato
- Pepe nero appena macinato
- 3 uova; separato
- 1 cucchiaio di Porto
- Olio per friggere

ISTRUZIONI:
a) Scolare il baccalà e sciacquarlo bene sotto l'acqua corrente fredda.

b) Coprire con acqua fresca in una casseruola, portare a ebollizione e cuocere a fuoco lento per 20 minuti o fino a quando il merluzzo è morbido. Mentre il merluzzo cuoce a fuoco lento, cuocere le patate con la buccia, quindi sbucciarle e schiacciarle con burro e latte. Quando il baccalà sarà pronto, scolatelo bene e privatelo della pelle e delle lische.

c) Sminuzzare il merluzzo con un paio di forchette. Aggiungere la crema di patate, il prezzemolo, la menta, il pepe, i tuorli e il porto. Mescolare accuratamente.

d) Montare a neve ferma gli albumi, quindi unirli al composto di merluzzo.

e) Prendi un pezzo di composto, delle dimensioni di un piccolo uovo, e modellalo con la mano per formare un siluro.

f) Friggere in olio a 375 gradi fino a quando non diventano croccanti e dorati dappertutto. Scolare su carta assorbente e servire caldo.

95. Polpettine giapponesi allo zenzero

INGREDIENTI:

- 3 trote iridee, sfilettate
- Pezzo di radice di zenzero fresco da 4 cm
- 3 cipollotti grassi, tritati finemente
- 4 funghi castagne, tritati finemente
- poco olio, per friggere
- per l'insalata
- 100 g di rucola
- 2 cucchiaini di salsa di soia scura
- 1 cucchiaino di olio di sesamo tostato
- 1 cucchiaino di acqua fredda
- pizzico di zucchero semolato

ISTRUZIONI:

a) Spellare e spinare i filetti di trota, quindi tagliarli nel senso della lunghezza in strisce lunghe e sottili.

b) Ora raggruppa queste strisce insieme e tagliale in pezzi molto piccoli: non dovresti lavorare il pesce in una pasta molto fine, ma non dovrebbe nemmeno essere troppo grossolana, altrimenti non si terrà insieme.

c) Mettere il pesce in una terrina con lo zenzero, i cipollotti, i funghi e un po' di sale e pepe.

d) Amalgamate bene e poi dividete il composto in otto e, con le mani leggermente bagnate, formate delle polpettine di circa $7\frac{1}{2}$ cm di diametro.

e) Scaldare una padella antiaderente leggermente unta d'olio a fuoco medio.

f) Aggiungere le frittelle di pesce e friggere per circa 1 minuto e mezzo su ciascun lato, fino a doratura e cottura.

g) Mettere su piatti riscaldati e impilare un po' di rucola accanto.

h) Sbattere insieme gli altri ingredienti dell'insalata per fare un condimento e versarne un po' sopra la rucola e un po' attorno al bordo esterno dei piatti.

96. Halibut con composta di mirtilli

INGREDIENTI:
- 2 filetti di halibut
- 1 tazza di mirtilli freschi o congelati
- 2 cucchiai di miele
- 1 cucchiaio di succo di limone
- Scorza di 1 limone
- 1/4 di cucchiaino di estratto di vaniglia

ISTRUZIONI:
a) Preriscalda il forno a 200°C.
b) In una piccola casseruola, unire i mirtilli, il miele, il succo di limone, la scorza di limone e l'estratto di vaniglia.
c) Cuocere a fuoco basso, mescolando di tanto in tanto, fino a quando i mirtilli si rompono e formano una consistenza simile a una composta.
d) Disponete i filetti di halibut su una teglia rivestita di carta da forno.
e) Versare la composta di mirtilli sui filetti di halibut, coprendoli uniformemente.
f) Cuocere nel forno preriscaldato per circa 12-15 minuti, o fino a quando il pesce è cotto e si sfalda facilmente con una forchetta.
g) Sfornate e lasciate raffreddare leggermente prima di servire.
h) Servi l'ippoglosso con composta di mirtilli come un inaspettato e saporito dessert di mare.

97. Torta di mirtilli rossi di Cape Cod

INGREDIENTI:
- 2 tazze di mirtilli freschi o congelati
- 1 1/2 tazze di zucchero semolato
- 1/2 tazza di noci tritate o noci pecan
- 1 tazza di farina per tutti gli usi
- 1/2 tazza di burro non salato, fuso
- 2 uova grandi
- 1 cucchiaino di estratto di vaniglia
- Un pizzico di sale
- Panna montata o gelato alla vaniglia (opzionale, per servire)

ISTRUZIONI:
a) Preriscalda il forno a 175°C. Ungere una tortiera da 9 pollici.
b) In una ciotola capiente, unire i mirtilli rossi, lo zucchero e le noci tritate. Distribuire uniformemente il composto nella tortiera imburrata.
c) In un'altra ciotola, mescolare insieme la farina, il burro fuso, le uova, l'estratto di vaniglia e il sale fino a quando non saranno ben amalgamati. Versare questa pastella sulla miscela di mirtilli, distribuendola uniformemente.
d) Cuocere per circa 40-45 minuti, o fino a quando la parte superiore diventa marrone dorato e uno stuzzicadenti inserito al centro risulta pulito.
e) Sfornate e lasciate raffreddare la torta per qualche minuto. Servire caldo o a temperatura ambiente, a piacere guarnito con panna montata o gelato alla vaniglia.

98. Focaccine ai mirtilli rossi di Cape Cod

INGREDIENTI:
- 2 tazze di farina per tutti gli usi
- 1/4 tazza di zucchero semolato
- 1 cucchiaio di lievito in polvere
- 1/2 cucchiaino di sale
- 1/2 tazza di burro non salato, freddo e tagliato a pezzetti
- 1/2 tazza di mirtilli freschi o congelati, tritati grossolanamente
- 2/3 tazza di latticello
- 1 cucchiaino di estratto di vaniglia
- Scorza di 1 arancia
- 1 cucchiaio di succo d'arancia
- 1 cucchiaio di panna (per spennellare)
- Zucchero aggiuntivo (per spolverare)

ISTRUZIONI:
a) Preriscalda il forno a 220°C. Rivestire una teglia con carta da forno.
b) In una ciotola capiente, sbatti insieme la farina, lo zucchero, il lievito e il sale. Tagliare il burro freddo con un tagliapasta o con la punta delle dita fino a quando il composto non assomiglia a briciole grossolane.
c) Aggiungere i mirtilli tritati al composto di farina e mescolare per ricoprire.
d) In una ciotola separata, unisci il latticello, l'estratto di vaniglia, la scorza d'arancia e il succo d'arancia. Versare questa miscela negli ingredienti secchi e mescolare fino a quando non sono appena combinati.

e) Trasforma l'impasto su una superficie leggermente infarinata e impastalo delicatamente alcune volte per unirlo. Pat l'impasto in un cerchio spesso circa 3/4 di pollice.
f) Tagliare l'impasto in 8 spicchi e trasferirli sulla teglia preparata, distanziandoli leggermente l'uno dall'altro. Spennellare la parte superiore degli scones con panna e cospargere di zucchero.
g) Cuocere per 12-15 minuti, o fino a quando gli scones saranno dorati. Sfornate e lasciate raffreddare su una gratella prima di servire.

99. Torta di velluto di mirtilli rossi di Cape Cod

INGREDIENTI:

- 1 crosta di torta precotta da 9 pollici
- 2 tazze di mirtilli freschi o congelati
- 1 tazza di zucchero semolato
- 1/4 di tazza d'acqua
- 2 cucchiai di amido di mais
- 1/4 di tazza di succo d'arancia
- 1/4 di tazza di panna
- 1/2 cucchiaino di estratto di vaniglia
- Panna montata o gelato alla vaniglia (opzionale, per servire)

ISTRUZIONI:

a) In una casseruola media, unisci i mirtilli rossi, lo zucchero e l'acqua. Cuocere a fuoco medio fino a quando i mirtilli scoppieranno e rilasceranno i loro succhi, circa 10 minuti.
b) In una piccola ciotola, sbatti insieme l'amido di mais e il succo d'arancia fino a che liscio. Aggiungere questa miscela alla casseruola e mescolare bene. Cuocere per altri 2-3 minuti o fino a quando il composto si addensa.
c) Togliere la casseruola dal fuoco e lasciare raffreddare il ripieno di mirtilli a temperatura ambiente.
d) In una ciotola separata, montare la panna e l'estratto di vaniglia fino a formare dei picchi morbidi. Piegare delicatamente il ripieno di mirtilli raffreddato nella panna montata fino a quando non sarà ben combinato.
e) Versare la miscela di velluto di mirtilli rossi nella crosta di torta precotta, distribuendola uniformemente. Mettete in frigo per almeno 2 ore, o fino al set.

f) Servire freddo, eventualmente guarnito con panna montata o gelato alla vaniglia.

100. Codice Cobbler

INGREDIENTI:
- Filetti di merluzzo da 1 1/2 libbre, tagliati a pezzi
- 1 cipolla, a dadini
- 2 carote, a dadini
- 2 gambi di sedano, a dadini
- 2 spicchi d'aglio, tritati
- 1 tazza di piselli surgelati
- 1 tazza di pollo o brodo vegetale
- 1/2 tazza di panna
- 2 cucchiai di farina per tutti gli usi
- 2 cucchiai di burro
- 1 cucchiaio di prezzemolo fresco tritato
- 1 cucchiaino di timo fresco tritato
- Sale e pepe a piacere
- Guarnizione per biscotti (acquistata in negozio o fatta in casa)

ISTRUZIONI:
a) Preriscalda il forno a 190°C. Ungete una pirofila.
b) In una padella capiente, sciogli il burro a fuoco medio. Aggiungere la cipolla, le carote, il sedano e l'aglio. Cuocere fino a quando le verdure non si saranno ammorbidite, circa 5 minuti.
c) Cospargi la farina sulle verdure e mescola per ricoprire. Cuocere per un altro minuto.
d) Versare gradualmente il brodo di pollo o vegetale, mescolando continuamente. Portare il composto a ebollizione e cuocere fino a quando la salsa si addensa.
e) Mescolare la panna, i piselli, il prezzemolo, il timo, il sale e il pepe. Aggiungi i pezzi di merluzzo nella padella e mescola delicatamente per unire.

f) Trasferire il composto di merluzzo nella teglia unta. Coprire con la pasta biscotto, coprendo l'intera superficie.
g) Cuocere per circa 25-30 minuti, o fino a quando la copertura dei biscotti è dorata e il merluzzo è cotto.
h) Sfornate e lasciate raffreddare per qualche minuto prima di servire.

CONCLUSIONE

Mentre arriviamo alla fine di questo viaggio culinario, speriamo che "The White Fish Chronicles" ti abbia ispirato ad abbracciare i sapori delicati e la versatilità del pesce bianco nella tua cucina. Il pesce bianco offre un mondo di possibilità culinarie e ti invitiamo a continuare a esplorare e sperimentare questo straordinario ingrediente.

Con le ricette e le tecniche condivise in questo libro di cucina, speriamo che tu abbia acquisito la fiducia e l'ispirazione per creare piatti memorabili che mettono in risalto la bellezza naturale del pesce bianco. Che tu stia gustando un semplice filetto scottato in padella o creando un complesso capolavoro di frutti di mare, le tue creazioni di pesce bianco possono portare gioia e soddisfazione al tuo tavolo da pranzo.

Quindi, mentre ti imbarchi nelle tue avventure di pesce bianco, lascia che "The White Fish Chronicles" sia il tuo fidato compagno, fornendoti deliziose ricette, consigli utili e un senso di esplorazione culinaria. Abbraccia i sapori delicati, la versatilità e la semplicità del pesce bianco e lascia che ogni piatto che crei diventi una celebrazione di questo straordinario ingrediente.

Possa la tua cucina riempirsi dell'aroma del pesce fresco, dello sfrigolio della padella e della gioia di cucinare con il pesce bianco che delizia il tuo palato e nutre il tuo corpo.

Buona cucina, e che le vostre creazioni di pesce bianco vi trasportino sulle rive dell'eccellenza culinaria!

www.ingramcontent.com/pod-product-compliance
Lightning Source LLC
LaVergne TN
LVHW021657060526
838200LV00050B/2390